e~Test

2010 엑셀
Professionals
Excel

한솔아카데미
HANSOL ACADEMY

성대근

· 한국교육평가진흥원 대표
· 부산대학교 연구원
· 원광대학교 자문위원
· 우석대학교 자문위원
· Microsoft CorporaTion(MCT)
· NCS 기업활용 컨설팅 전문가 2기
· (사)한국창의인성교육연구원 대구/경북 센터장
· 바로연평생교육원 원장

e~*Test* *professionals*
엑셀 2010

초판1쇄발행 2017년 5월 15일
2차개정발행 2020년 1월 23일

발행처 (주)한솔아카데미
지은이 성대근
발행인 이종권

홈페이지 www.bestbook.co.kr
대표전화 02)575-6144
등록 1998년 2월 19일(제16-1608호)

ISBN 979-11-5656-810-0 13000
정 가 13,000원

이 도서의 국립중앙도서관 출판시도서목록(CIP)은 서지정보유통지원시스템 홈페이지
(http://seoji.nl.go.kr)와 국가자료공동목록시스템(http://www.nl.go.kr/kolisnet)에서 이용
하실 수 있습니다. (CIP제어번호: CIP2019034607)

머/리/말

사회 환경이 급격히 변화하는 시대에 발맞추어 국가에서 필수적으로 요구하는 국가직무능력표준(National Competency Standards)을 바탕으로 직무에 갖추어야 할 능력을 평가하는 시험입니다. 그러므로 e-Test는 전공과는 관련 없이 직업기초능력 분야로서 공통으로 갖추어야 할 필수 과목입니다.

e-Test는 IT e-Business 관련 지식에서부터 정보 분석, 활용까지 정보화 사회에서 요구되는 정보 활용능력을 종합적으로 측정하는 인터넷기반의 정보 활용 실무 능력 평가시험을 말하며 e-Test Professionals은 정보기술 동향, 정보보안, 정보윤리 및 정보통신과 관련된 지식뿐만 아니라 워드프로세서, 엑셀, 파워포인트 툴 및 인터넷 정보검색 등 정보화 사회에 필요한 정보소양을 종합적으로 측정할 수 있는 컴퓨터 및 정보 활용 능력 평가시험입니다.

저자는 20여년의 강의와 실무경력을 바탕으로 그동안 출제되었던 문제를 분석 및 예상문제를 파악 및 연구를 하여 좀 더 체계적이고 쉽게 수험생들에 다가 갈 수 있는 교재를 만들기 위해 강의에 필요한 정보를 수집하고, 여러 동료 선생님들의 의견을 모아 문제점을 파악하고 개선하여 현재 취준생들 및 수험생 여러분들에게 더 많은 합격의 성취감 및 합격의 영광을 드리고자 미력한 힘이지만 본 교재를 발간하게 되었습니다.

본 교재 핵심사항을 다음과 같이 정리를 했습니다.

> ① e-Test 공식지정 교재로 국가에서 필수적으로 요구하는 국가직무능력표준(National Competency Standards)를 활용할 수 있는 교재입니다.
> ② e-Test는 실무에 필요한 완성된 결과물을 가지고 평가하는 시험으로 전공과는 관련 없이 NCS 직업기초능력 분야로서 공통으로 갖추어야 할 필수 과목입니다.
> ③ 다년간의 강의 및 실무경력을 바탕으로 연구한 출제 문항으로 100% 실전에 대비할 수 있도록 내용을 구성하였습니다.

본 교재가 나오기까지 용기와 많은 도움을 주신 한국인재교육평가원 서용재 원장님, 서법권 이사님, 한솔아카데미 대표님 및 임직원 등 여러 도움을 주신 여러분께 진심으로 머리 숙여 감사드립니다.

그동안 저 때문에 고생하시고 최근까지도 속 썩여드린 일 너무 많아 죄송한 부모님께 고마움과 감사한 마음을 전하고 싶습니다.

앞으로 더 좋은 교재가 될 수 있도록 여러분의 아낌없는 격려를 부탁드립니다.
마지막으로 본 교재를 선택하시는 모든 분들에게 합격의 영광이 함께 하기를 진심으로 기원합니다.
감사합니다.

저자 드림

NCS 기반 설명

본 교재는 국가에서 필수적으로 요구한 국가직무능력표준(NCS)을 활용할 수 있는 교재입니다.

NCS란?

국가직무능력표준입니다.
국가직무능력표준(NCS, National Competency Standards)은 산업현장에서 요구되는 지식·기술·소양 등의 내용을 국가가 산업부문별·수준별로 체계화한 것으로, 산업현장의 직무를 성공적으로 수행하기 위해 필요한 능력(지식/기술/태도)을 국가적 차원에서 표준화한 것을 의미합니다.

직무와 연관되지 않은 불필요한 정보(ex:토익,수료증)보다는 직무에 필요한 자격증, 지식, 전공, 능력 등을 평가하여 채용이 이루어집니다.
NCS를 통해 그 평가하는 기준이나 방법을 국가에서 체계적으로 표준화시킨 것이라고 볼 수 있습니다. 각 직무별로 필요한 직업기초능력(인성소양), 직무수행능력(특정전공)을 정하고 그 능력에 맞는 기준으로 취업하는 것입니다.

예전에는 학력, 자격증, 전공에 비중을 많이 뒀지만 현재는 그 해당직무에 대한 평가를 보고 있습니다. 현재 공기업을 중심으로 대기업까지 NCS를 도입하고 있는 상황이므로 공공기관 및 기업에 취업하려면 NCS를 준비하셔야 합니다.
따라서 국가공인 자격증 e-Test는 직업기초능력 분야로서 공통으로 갖추어야 할 필수 과목입니다.

직업기초능력 : 공통으로 갖추어야 할 능력.
직무수행능력 : 그 분야 특정 전공 능력.

e-Test란

1 e-Test란?

초등학교부터 대학생 및 일반, 기업체 임직원을 대상으로 필수적으로 요구되는 정보활용능력을
종합적으로 측정하는 인터넷 기반의 실무능력 평가시험입니다.

2 e-Test혜택

학점인정, 대학졸업인증, 기업채용시 우대, 임직원승진시 가점 등 국가공인자격 e-Test는
대학과 기업의 지식정보화 문화 정착을 위한 최고의 파트너로 자리매김하고 있습니다.

① 국가 공인 자격

· 대한민국 정부가 인정하는 '국가공인자격'임(2001년 1월 국가공인취득)
· 국가로부터 자격기본법 제19조 제5항에 의거 자격의 관리, 운영기관으로 공인됨

② 학점 인증 자격

· 학점인정 등에 관한 법률 시행령 제11조 별표2호에 의거 당해 자격취득 및 자격취득에 필요한
  교육과정 이수에 대하여 대학 및 전문대학에서 부여하는 학점에 상응하는 학점을 인정하는 제도
· 자격 취득시 1급 : 6학점, 2급 : 4학점 부여
· 근거 : 학점 인정 등에 관한 법률 제7조 제2항 제4조, 시행령 제11조 별표2호
  (※학점인정 여부 : 학교별 학사 운영기준에 따라 상이하므로 해당 학교 학사 운영과 문의 필요)

③ 대학 졸업 인증 자격

· 성균관대, 이화여대, 중앙대 등 여러 대학에 졸업인증자격제도 채택
· 성균관대학교의 경우는 입학 전 취득한 e-Test자격을 인정해 줄 뿐만 아니라 학교 내 대비과정이
  운영되고 있으며, 성적 우수자에 대하여 장학금을 수여하고 있음
  (※학점인정 여부 : 학교별 학사 운영기준에 따라 상이하므로 해당 학교 학사 운영과 문의 필요)

④ 군 간부(장교, 부사관) 선발시험

· 자격 취득 시 군 특기적성병(기술행정병)으로 분류

⑤ 공무원 승진에 따른 가산점 부여

· 삼성그룹, POSCO, KT, 농협중앙회, 대한지적공사 등 유수기업과 기관의 임직원 정보활용능력평가
  자격으로 운영

교/재/설/명

? e-Test란?

(사)한국창의인성연구원에서 주관하는 인터넷 기반의 컴퓨터 및 정보활용능력 평가 시험입니다.
e-Test는 검정접수, 응시부터 결과확인까지 시험의 전 과정을 100% 인터넷으로 구현한
국가공인 자격입니다.

기존의 IT자격과 달리 각각의 과목(한글,엑셀,파워포인트)을 통합한 과제 해결형 문제와
인터넷 활용능력, 직업기초능력 관련 문제가 대폭 보강되었습니다.

저자와 함께하는 e-Test 강의

이런 분들은 'e-Test' 저자에게 문의하세요. (yokomo7@hanmail.net)

1. 교재로 독학하시다가 궁금증이 나시는 분.

2. e-Test자격시험 합격을 위해 공부를 시작하시는 분.

3. 온라인 상에서 추가적인 학습를 하고자 하시는 분.

4. 기출문제와 실전테스트를 위한 다양한 문제를 원하시는 분.

1 실전 시험 테스트를 합니다.

e-Test 시험은 100%로 온라인으로 시험이 진행되므로, *http://www.e-test.co.kr* 사이트에서
실전 모의 테스트를 반드시 실행 후 시험볼 수 있도록 준비합니다.

2 결과를 평가하는 시험입니다.

타시험처럼 과정을 평가하는 시험이 아니라 e-Test는 실무에 필요한 완성된 결과물을 가지고
평가하는 시험입니다.
즉, 단축키, 도구 등 빠르고 편한 방법으로 시험을 풀어갈 수 있도록 연습을 하여야 합니다.
프로그램(메뉴) 등 전체를 외우려고 하지 말고 빠르고 정확한 단축키, 도구만 연습합니다.
(e-Test는 실무에 많은 도움이 됩니다)

3 국가에서 필수적으로 요구한
국가직무능력표준(NCS)을 활용할 수 있는 교재입니다.

2015년부터 e-Test가 NCS기반으로 활용을 하고 있어 본 교재를 선택하여 시험을 응시하면 합격에
더 쉽게 다가갈 수 있다는 장점이 있습니다.

4 시험문제 포인트를 체크합니다.

시험문제에 가까운 기출문제를 수록하여 실전에 강한 내용으로 만들었습니다.
각 출제 문항을 연구하여 실전에 100% 시험 대비를 할 수 있습니다.
본 교재를 통하여 e-Test 기본 개념을 이해하고 실무에 활용을 할 수 있습니다.

5 한솔 홈페이지를 이용합니다.

본 교재를 최대한 활용하기 위해서는 관련문제를 홈페이지 자료실을 통하여 문제를 다운받은 후
설치해야 본 교재에 있는 문제를 풀 수가 있습니다. 답안파일도 수록되어있어 답안확인을 할 수
있습니다.

소스파일 제공 | *www.bestbook.co.kr* (자료실 → 도서자료 참조)

기타 문의사항은 Q&A 게시판을 활용하기 바랍니다.
한방에 합격하는 그 순간까지 여러분과 함께 정보를 공유하는 커뮤니티 공간입니다.

· 저자 이메일 | yokomo7@hanmail.net
· 교재 담당 이메일 | css1558@naver.com

출제기준 안내

1 자격별 평가과목

자격종류	과목명	평가내용	시험기간	응시료
e-Test Professionals	워드	실기 : 워드	각 50분	각 24,000원 (통합 72,000원)
	엑셀	실기 : 엑셀		
	파워포인트	실기 : 파워포인트		

1) e-Test professionals는 각 과목별 실기시험(워드, 엑셀, 파워포인트)으로 구성되어 있어, 실무적인 정보활용능력을 평가할 수 있습니다.

2) 각 과목을 한번에 응시하고자 하는 분들은 e-Test Professionals 통합시험을 신청하시면 됩니다.

3) e-Test Professionals 활용 OA : MS-office 2007 / 2010, 아래한글 2007 / 2010

2 취득점수에 따라 자격증 부여

1) e-Test Professionals

자격종류	1급	2급	3급	4급
e-Test Professionals 워드	400~360점	359~320점	319~280점	279~240점
e-Test Professionals 엑셀	300~270점	269~240점	239~210점	209~180점
e-Test Professionals 파워포인트	300~270점	269~240점	239~210점	209~180점

2) e-Test Professionals MASTERS

자격종류	1급	2급	3급	4급
e-Test Professionals MASTERS	1000~920점	919~820점	819~720점	719~600점

3) e-Test professionals워드/엑셀/파워포인트는 각각 국가공인자격입니다.
   -자격증 발급시에는 취득한 자격이 하나의 자격증에 모두 기재됩니다.

4) e-Test professionals MASTERS 자격은 1년 내 취득한 e-Test Professionals 워드/엑셀/파워포인트 자격 중 과목별 최고점을 자동합산하여 등급을 부여하는 민간자격증입니다.

※ 출제기준

평가항목		세부 내용	배점
데이터 입력과 수식 작성하기	1)	단위 입력 및 셀 정렬	5점
	2)	제목 입력 – 내용 입력, 셀 병합, 셀 정렬　　　　　– 글꼴, 글꼴크기, 글꼴 스타일 지정	7점
	3)	함수 – 제공 수식 및 복합 함수 사용(※엑셀 함수 출제 범위 참조)	90점
서식 지정하기	1)	표 내부 글꼴 및 글꼴크기 지정	28점
	2)	셀 정렬	
	3)	열 너비/행 높이 지정	
	4)	제목 글꼴 스타일 지정	
	5)	표시 형식 지정(숫자/통계/회계/날짜, 사용자 지정 등)	
	6)	조건부 서식 지정	
	7)	표 테두리선 작성	
차트 작성과 데이터베이스 기능 사용하기	1)	자료 추출 – 자동 필터 사용(선택적 자동 필터/사용자 지정 자동필터) – 추출 자료 복사/붙이기	20점
	2)	차트 작성 – 차트 시트 삽입　　　　　　　　　– 차트 시트이름 입력 – 차트 종류 지정　　　　　　　　　– 차트 제목 입력, 그림자 지정 – X축/Y축/Z축 최대값/최소값, 주 단위, 주 눈금선 지정, 값을 거꾸로 지정 – 데이터 계열/요소 서식 지정 (무늬–선/표식, 모양, 질감, 데이터 레이블, 　계열 순서, 옵션 등) – 옆면/그림 영역 서식 지정　　　　– 3차원 보기 효과 지정 – 텍스트 입력　　　　　　　　　　– 범례 지정	60점
	3)	피벗테이블 작성	23점
	4)	정렬 및 부분합 작성	20점
	5)	텍스트 나누기 – 데이터 범위 지정 – 문제의 지시 사항대로 텍스트 나누기 마법사에서 지정	15점
데이터 분석 기능 사용하기	1)	목표값 찾기 – 문제에서 지시하는 셀 선택 – 문제의 지시 사항대로 목표값 찾기 옵션에서 지정	15점
	2)	시나리오 작성 – 문제의 지시 사항대로 시나리오 관리자에서 지정	15점
	3)	시트순서 지정	2점
총 점			300점

＊엑셀 함수 출제 범위

구분	함수 종류
날짜/시간 함수	DATE, HOUR, MONTH, TODAY, WEEKDAY, YEAR, DAY, MINUTE, NOW, SECOND, TIME
수학/삼각 함수	INT, MOD, PRODUCT, ROUND, ROUNDDOWN, ROUNDUP, SUM, SUMPRODUCT, SUMIF, TRUNC, ABS, CEILNG, ODD, PI, POWER, SUBTOTAL, TRIMMEAN
통계 함수	AVERAGE, AVERAGEIF, COUNT, COUNTA, COUNTIF, LARGE, MAX, MEDIAN, MIN, RANK, COUNTBLANK, MODE, SMALL, RANK.EQ
찾기/참조 함수	CHOOSE, HLOOKUP, VLOOKUP, INDEX, MATCH, ADDRESS, OFFSET, TRANSPOSE
데이터베이스 함수	DAVERAGE, DCOUNT, DGET, DMAX, DMIN, DSUM, DCOUNTA, DVAR, DPRODUCT, DSTDEV
텍스트 함수	CONCATENATE, LEFT, MID, REPLACE, RIGHT, LEN, LOWER, PROPER, VALUE, WON, REPT, FIND
정보 함수	ISERR, ISBLANK
논리값 함수	AND, IF, OR, NOT, TRUE, FALSE

NCS 기반 *e-Test* 자격증 과정

1 능력표준 분류

대분류	중분류	소분류	세분류
02. 경영회계사무	02. 총무인사	03. 일반사무	02. 사무행정(주)
02. 경영회계사무	02. 총무인사	03. 일반사무	01. 비서
02. 경영회계사무	02. 총무인사	01. 총무	01. 총무

e-Test 자격증 활용범위

- · 사무자동화 관리운용
- · 사무행정 업무관리
- · 문서작성
- · 경영진 지원업무
- · 경영환경 동향분석
- · 경영진 일정관리
- · 총무문서관리
- · 비품관리
- · 행사지원 관리

2 과정운영계획서

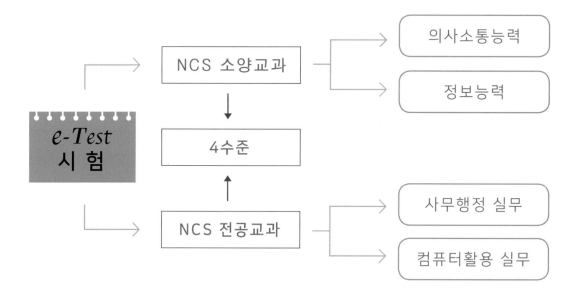

국가직무표준(NCS) 홈페이지 안내

※NCS 홈페이지 안내 | http://www.ncs.go.kr

목 차 CONTENTS

데이터 입력과
함수식의 사용

01 데이터 입력 및 제목 서식 지정

문제형식 ① 데이터 내용 입력
② 제목 작성과 서식 지정

【보　　기】

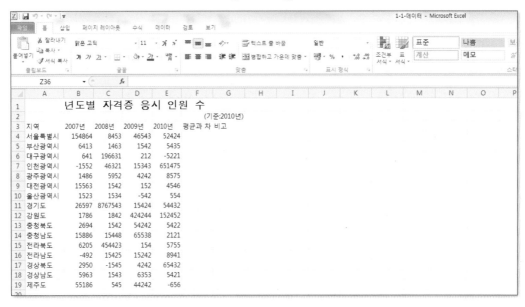

【처리사항】

■ **데이터 입력과 수식 작성하기 배점 1번(5), 2번(7)**

※ 자격증응시수 시트에 작성

1. F3셀에 '평균과 차', G3셀에 '비고', G2셀에 '(기준:2010년)'을 입력하시오.

(G2셀은 가로 오른쪽 맞춤으로 지정)

2. A1셀에 제목을 '년도별 자격증 응시 인원 수'로 입력하시오.

1) A1~G1 셀을 병합하고 가로 가운데 맞춤으로 지정

2) 글꼴은 돋움체, 글꼴 크기는 17, 글꼴 스타일은 굵게 지정

- [파일] 메뉴 − [열기] (Ctrl+O)
- '1-1-데이터.xlsx' 파일을 선택하고 〈열기〉 단추를 클릭합니다.

1 데이터 내용 입력

01 '자격증응시수' 시트의 [F3]셀에 '평균과 차', [G3]셀에 '비고', [G2]셀에 '(기준:2010년)'을 입력합니다.

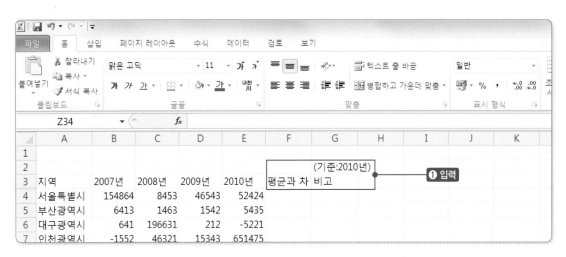

02 [G2]셀에서 [홈] 메뉴 − [맞춤] 그룹 항목 중 ▤(텍스트 오른쪽 맞춤)을 클릭합니다.

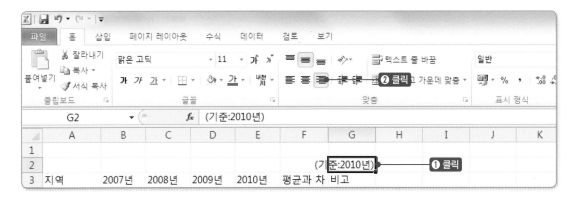

2 제목 작성과 서식 지정

01 [A1]셀에 '년도별 자격증 응시 인원 수'를 입력합니다.

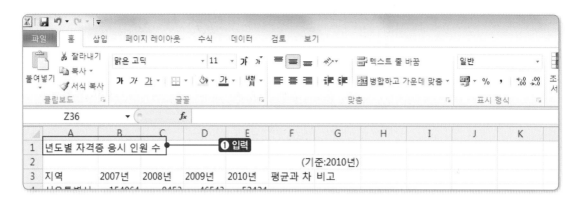

02 [A1:G1] 영역을 드래그하여 범위 지정한 후, [홈] 메뉴 – [맞춤] 그룹에서 병합하고 가운데 맞춤·(병합하고 가운데 맞춤)을 클릭합니다.

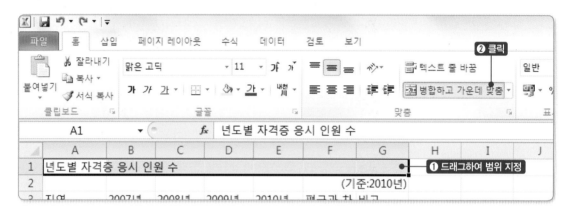

03 [A1:G1] 영역을 선택한 후 [홈] 메뉴 – [글꼴] 그룹에서 글꼴 '돋움체', 글꼴 크기 '17', 글꼴 스타일 '굵게'를 지정합니다.

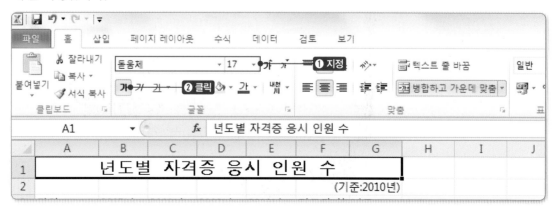

02 함수식의 사용

문제형식 ① '평균과 차' 함수식 입력
② '비고' 함수식 작성

【보 기】

							1-2-데이터 - Microsoft Excel

(Excel 화면)

	A	B	C	D	E	F	G
1	년도별 자격증 응시 인원 수						
2					(기준:2010년)		
3	지역	2007년	2008년	2009년	2010년	평균과 차	비고
4	서울특별시	154864	8453	46543	52424	①	②
5	부산광역시	6413	1463	1542	5435	①	②
6	대구광역시	641	196631	212	-5221	①	②
7	인천광역시	-1552	46321	15343	651475	①	②
8	광주광역시	1486	5952	4242	8575	①	②
9	대전광역시	15563	1542	152	4546	①	②
10	울산광역시	1523	1534	-542	554	①	②
11	경기도	26597	8767543	15424	54432	①	②
12	강원도	1786	1842	424244	152452	①	②
13	충청북도	2694	1542	54242	5422	①	②
14	충청남도	15886	15448	65538	2121	①	②
15	전라북도	6205	454423	154	5755	①	②
16	전라남도	-492	15425	15242	8941	①	②
17	경상북도	2950	-1545	4242	65432	①	②
18	경상남도	5963	1543	6353	5421	①	②
19	제주도	55186	545	44242	-656	①	②

【처리사항】

■ **데이터 입력과 수식 작성하기 배점 3번(45), 4번(45)**

  ※ 자격증응시수 시트에 작성

3. [엑셀로 가공할 정보형태]의 ①(F4~F19셀) 부분의 평균과 차를 구하시오.

 1) 반드시 ROUNDUP, AVERAGE 함수를 모두 이용하여 구하시오.

 2) 반드시 아래 주어진 수식으로 구하고, 구한 값을 소수 둘째 자리에서 올림하여 소수
  첫째 자리까지 나타내시오.

 ※ 평균과 차 = ('2007년'의 '서울특별시'부터 '제주도'까지 평균 − 각 지역의 '2007년'
  의 값)

4. [엑셀로 가공할 정보형태]의 ②(G4~G19셀) 부분의 비고를 구하시오.

 1) 반드시 IF, FIND, RANK.EQ, ISERR, AVERAGE 함수를 모두 이용하여 구하시오.

 2) 반드시 아래 주어진 조건에 따른 참과 거짓의 값으로 나타내시오.

   − 조건 : 각 지역의 문자열에 '도'를 포함하지 않는 경우

   − 참 : '2010년'을 기준으로 각 지역의 내림차순 순위

   − 거짓 : 각 지역의 '2007년'부터 '2010년'까지의 평균

- [파일] 메뉴 – [열기] (Ctrl+O)
- '1-2-데이터.xlsx' 파일을 선택하고 〈열기〉 단추를 클릭합니다.

1 '평균과 차' 함수식 입력

01 '자격증응시수' 시트의 [F4] 셀에 함수식 '=ROUNDUP(AVERAGE(B4:B19)-B4,1)'을 입력합니다.

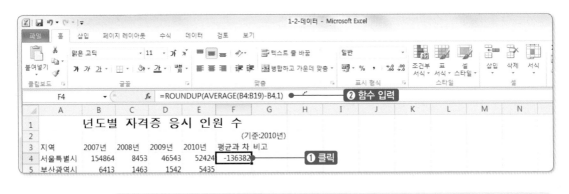

Tip

ROUNDUP과 AVERAGE 함수 이용

=ROUNDUP (AVERAGE('2007년'의 '서울특별시'부터 '제주도'까지) – '2007년'의 각 지역의 값, 올림할 자릿수)

02 입력된 함수식의 AVERAGE 범위 [B4:B19]를 블록 설정한 후, 절대참조(F4)를 설정하고 Enter를 누릅니다.

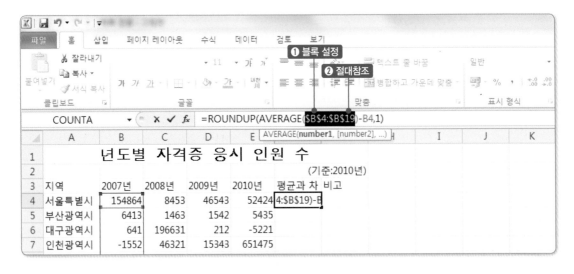

Tip A1—F4→$A$1—F4→$A$1—F4→$A1—F4→A1

상대참조 ❶ 절대참조 ❷ 혼합참조 ❸ 혼합참조 ❹ 상대참조

03 채우기 핸들을 이용하여 [F4]셀부터 [F19]셀까지 드래그합니다.

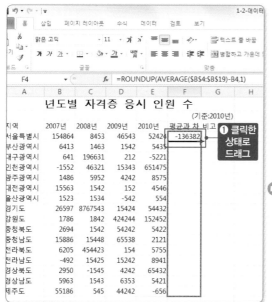

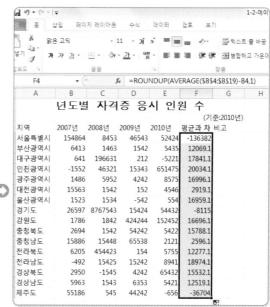

2 '비고' 함수식 작성

01 '자격증응시수' 시트의 [G4]셀에 함수식 '=IF(ISERR(FIND("도",A4)),RANK.EQ(E4,E4:E19,0), AVERAGE(B4:E4))'를 입력하고 Enter 를 누릅니다.

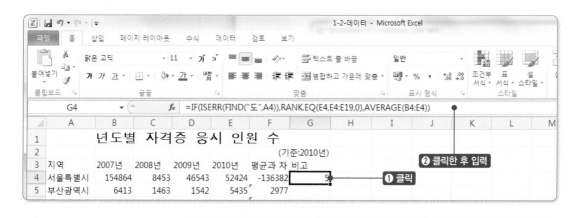

Tip IF, FIND, RANK.EQ, ISERR, AVERAGE 함수 이용
=IF(ISERR(FIND("텍스트",셀주소)),RANK.EQ(E4,셀주소:셀주소,0),AVERAGE(셀주소:셀주소))

02 입력된 함수식의 RANK.EQ 범위 [E4:E19]를 블록 설정한 후, 절대참조(F4)를 설정하고 Enter 를 누릅니다.

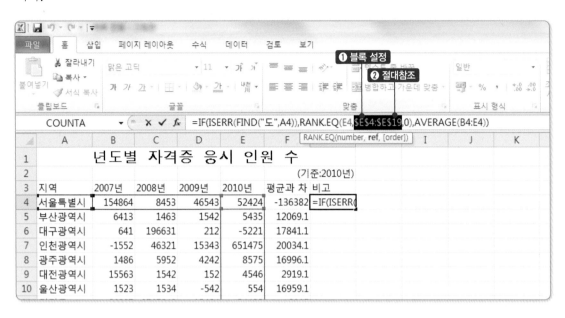

03 채우기 핸들을 이용하여 [G4]셀부터 [G19]셀까지 드래그합니다.

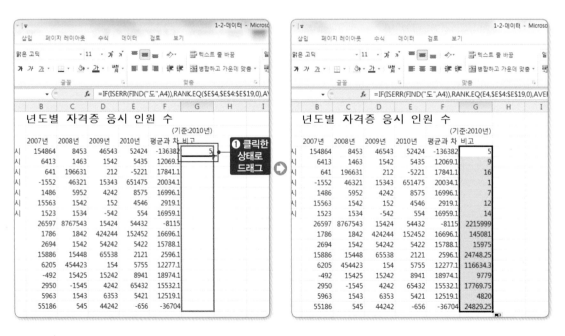

PART 02

서식 지정

01 글꼴 서식 및 열 너비 서식 지정

문제형식 ① 글꼴 지정 ② 맞춤 지정 ③ 열 너비 지정 ④ 글꼴 서식 지정

【보 기】

	A	B	C	D	E	F	G
			년도별 자격증 응시 인원 수				
2						(기준:2010년)	
3	지 역	2007년	2008년	2009년	2010년	평균과 차	비고
4	서울특별시	154864	8453	46543	52424	-136382	5
5	부산광역시	6413	1463	1542	5435	12069.1	9
6	대구광역시	641	196631	212	-5221	17841.1	16
7	인천광역시	-1552	46321	15343	651475	20034.1	1
8	광주광역시	1486	5952	4242	8575	16996.1	7
9	대전광역시	15563	1542	152	4546	2919.1	12
10	울산광역시	1523	1534	-542	554	16959.1	14
11	경 기 도	26597	8767543	15424	54432	-8115	2215999
12	강 원 도	1786	1842	424244	152452	16696.1	145081
13	충 청 북 도	2694	1542	54242	5422	15788.1	15975
14	충 청 남 도	15886	15448	65538	2121	2596.1	24748.25
15	전 라 북 도	6205	454423	154	5755	12277.1	116634.25
16	전 라 남 도	-492	15425	15242	8941	18974.1	9779
17	경 상 북 도	2950	-1545	4242	65432	15532.1	17769.75
18	경 상 남 도	5963	1543	6353	5421	12519.1	4820
19	제 주 도	55186	545	44242	-656	-36704	24829.25

【처리사항】

■ **서식 지정하기** 배점 1번(2), 2번(3), 3번(2), 4번(3)

　※ 자격증응시수 시트에 작성

1. 표(A3~G19 셀) 안의 글꼴은 굴림체, 글꼴 크기는 10으로 지정하시오.

2. A3~A19 셀은 가로 균등 분할 (들여쓰기) 맞춤으로 지정하고, B3~G3 셀, G4~G19 셀은 가로 가운데 맞춤으로 지정하시오.

3. A열의 열 너비는 9, B~E열의 열 너비는 12로 지정하시오.

4. A3~G3 셀의 글꼴 스타일은 굵게로 지정하시오.

- [파일] 메뉴 - [열기] (Ctrl+O)
- '2-1-데이터.xlsx' 파일을 선택하고 〈열기〉 단추를 클릭합니다.

1 글꼴 지정

01 '자격증응시수' 시트에서 [A3:G19] 영역을 드래그합니다.

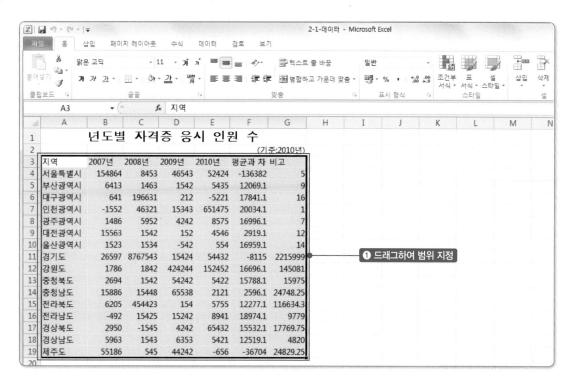

02 [홈] 메뉴 - [글꼴] 그룹에서 글꼴 '굴림체', 글꼴 크기 '10'으로 지정합니다.

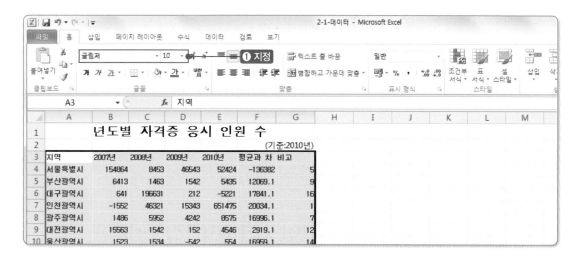

2 맞춤 지정

01 [A3:A19] 영역을 범위 지정한 후, 마우스 오른쪽을 클릭하여 [셀 서식]에 들어갑니다.

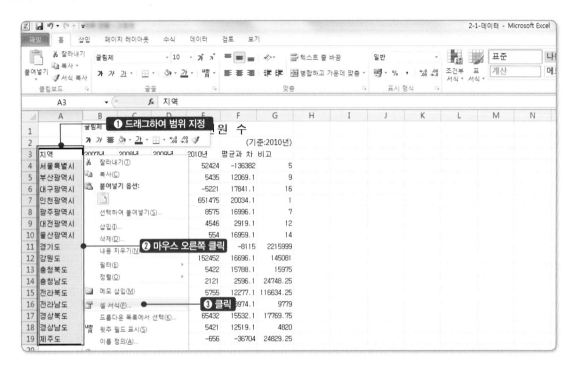

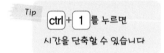

02 [셀 서식] 창이 나타나면 [맞춤] 탭의 〈텍스트 맞춤〉 가로에서 '균등 분할 (들여쓰기)'로 선택하고 〈확인〉
단추 또는 Enter를 누릅니다.

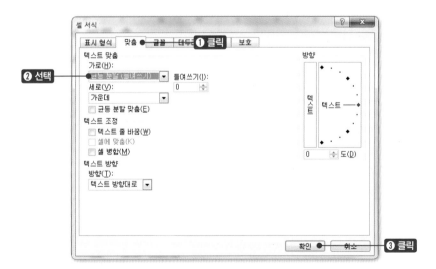

03 [B3:G3] 영역을 드래그하여 범위 지정한 후, Ctrl을 누른 상태에서 [G4:G19] 영역도 드래그하여 범위 지정합니다.

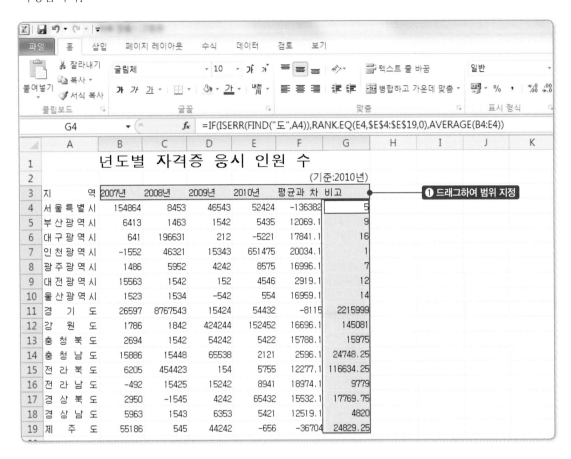

04 [홈] 메뉴 – [맞춤] 그룹 항목 중 ≡(가운데 맞춤) 아이콘을 클릭하여 가운데 정렬을 합니다.

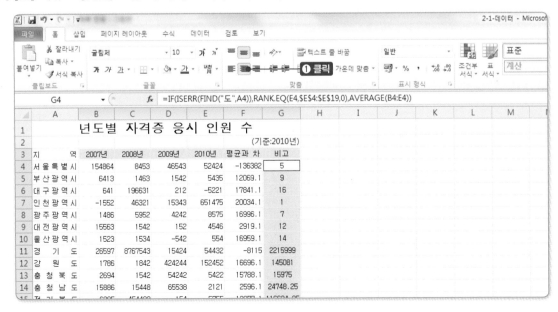

③ 열 너비 지정

01 A열 머리글을 클릭한 후, 마우스 오른쪽을 클릭하여 [열 너비]를 클릭합니다.

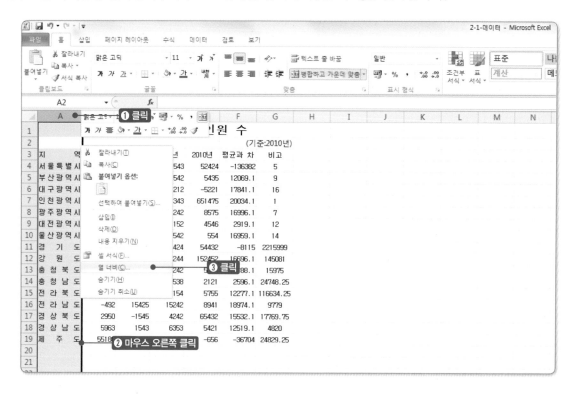

02 [열 너비] 창에서 열 너비를 9로 입력한 후, 〈확인〉 단추 또는 Enter 를 누릅니다.

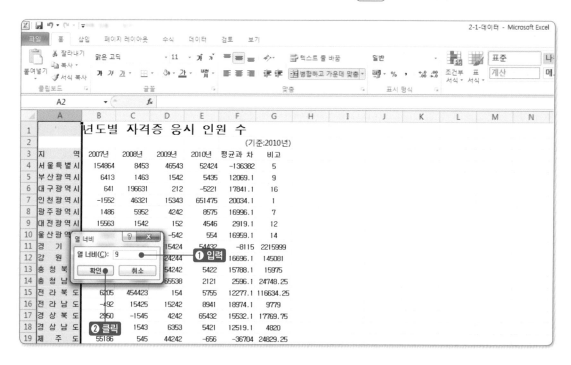

03 B열 머리글부터 E열 머리글까지 드래그한 후, 마우스 오른쪽을 클릭하여 [열 너비]를 클릭합니다.

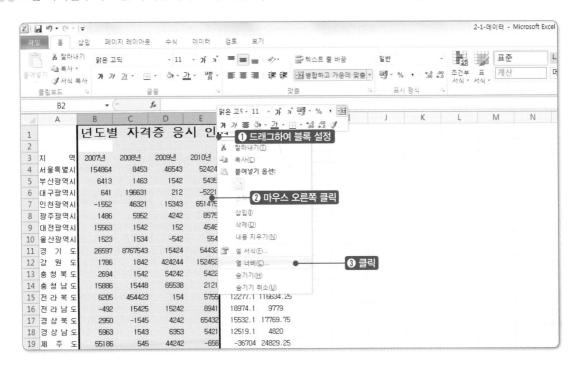

04 열 너비 창에서 열 너비를 12로 입력한 후, 〈확인〉 단추 또는 Enter를 누릅니다.

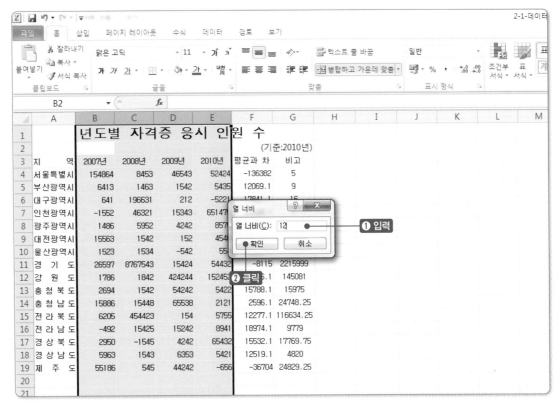

④ 글꼴 서식 지정

01 [A3:G3] 영역을 드래그하여 범위 지정합니다.

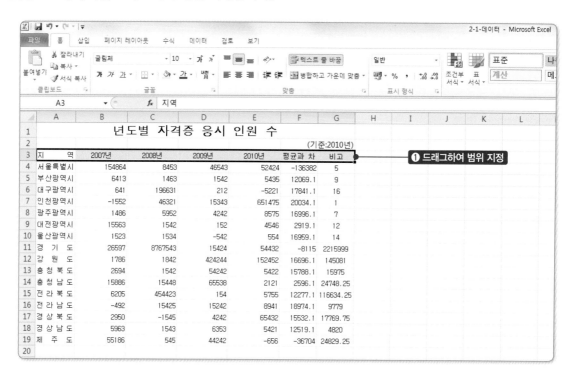

02 [홈] 메뉴 - [글꼴] 그룹 - '굵게'를 클릭합니다.

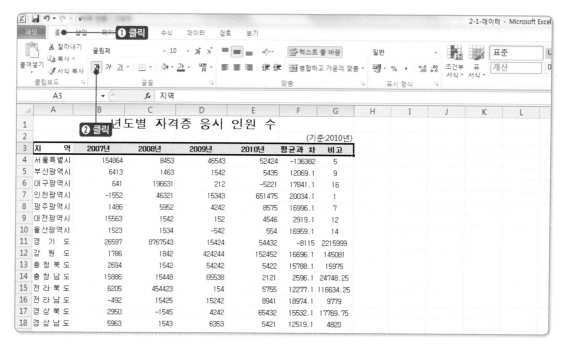

02 표시형식과 조건부서식 및 윤곽선 지정

문제형식 ① 표시 형식 지정 ② 조건부 서식 ③ 테두리 지정

【보 기】

지 역	2007년	2008년	2009년	2010년	평균과 차	비고
서울특별시	154,864	8,453	46,543	52,424	-136382	5
부산광역시	6,413	1,463	1,542	5,435	12069.1	9
대구광역시	641	196,631	212	-5,221	17841.1	16
인천광역시	(1,552)	46,321	15,343	****** 651,475	20034.1	1
광주광역시	1,486	5,952	4,242	8,575	16996.1	7
대전광역시	15,563	1,542	152	**4,546**	2919.1	12
울산광역시	1,523	1,534	-542	**554**	16959.1	14
경 기 도	26,597	8,767,543	15,424	54,432	-8115	2215999
강 원 도	1,786	1,842	****** 424,244	****** 152,452	16696.1	145081
충 청 북 도	2,694	1,542	54,242	5,422	15788.1	15975
충 청 남 도	15,886	15,448	65,538	**2,121**	2596.1	24748.25
전 라 북 도	6,205	454,423	154	5,755	12277.1	116634.25
전 라 남 도	(492)	15,425	15,242	8,941	18974.1	9779
경 상 북 도	2,950	(1,545)	4,242	65,432	15532.1	17769.75
경 상 남 도	5,963	1,543	6,353	5,421	12519.1	4820
제 주 도	55,186	545	44,242	**-656**	-36704	24829.25

년도별 자격증 응시 인원 수 (기준:2010년)

【처리사항】

■ **서식 지정하기 배점 5번(6), 6번(3), 7번(9)**

※ 자격증응시수 시트에 작성

5. B4~C19셀의 수치는 숫자 표시 형식을 이용하여 세 자리마다 콤마가 나타나고, 음수인 경우 빨강색으로 (1,234)로 나타나도록 지정하고, D4~E19셀의 수치는 사용자 지정 표시 형식을 이용하여 세 자리마다 콤마가 나타나고 150,000 이상인 경우 수치 앞에 빈 열 폭만큼 '*'이 나타나도록 지정하시오.

6. E4~E19셀의 수치는 조건부 서식을 이용하여 5,000 미만인 경우 글꼴 스타일이 굵게 나타나도록 지정하시오. (단, 수식을 이용하여 입력 시 감점)

7. 표(A3~G19셀)의 윤곽선은 이중선, 표 안쪽 세로선은 실선, A3~G3셀의 아래선은 이중선이 나타나도록 작성하시오.

- [파일] 메뉴 - [열기] (Ctrl+O)
- '2-2-데이터.xlsx' 파일을 선택하고 〈열기〉 단추를 클릭합니다.

1 표시 형식 지정

01 [B4:C19] 영역을 드래그하여 범위 지정한 후, 마우스 오른쪽을 클릭하여 [셀 서식]에 들어갑니다.

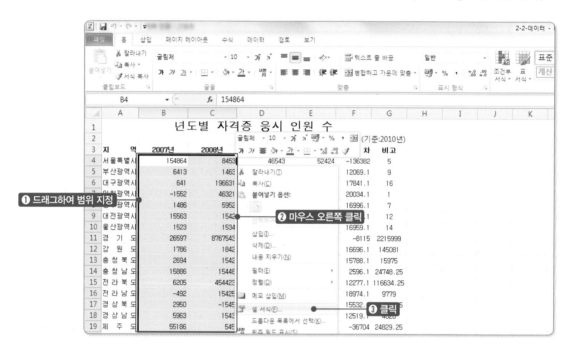

02 [셀 서식] 창이 나타나면 [표시 형식] 탭의 〈범주〉에서 '숫자'를 선택한 후, '1000 단위 구분 기호(,) 사용'에 체크하고, 〈음수〉 항목 중 '(1,234)'를 선택한 후 〈확인〉 단추 또는 Enter를 누릅니다.

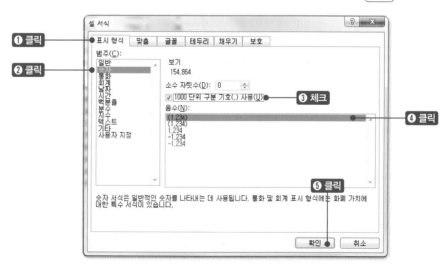

03 [D4:E19] 영역을 드래그하여 범위 지정한 후, 마우스 오른쪽을 클릭하여 [셀 서식]에 들어갑니다.

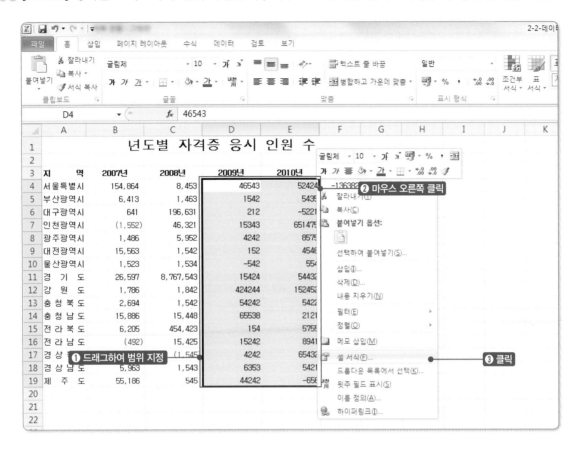

04 [표시 형식] 탭의 〈범주〉에서 '사용자 지정'을 선택한 후, 형식 칸에 '[〉=150000]**#,##0;#,##0'을 입력하고 〈확인〉 단추 또는 Enter 를 누릅니다.

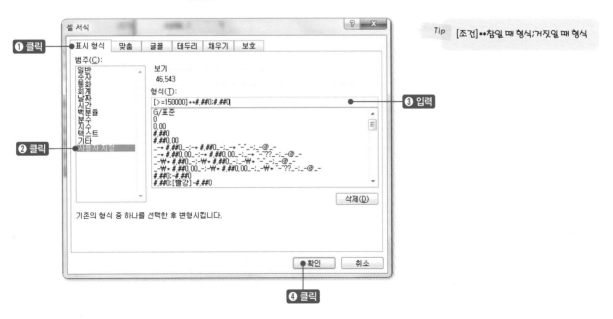

Tip [조건]**참일 때 형식;거짓일 때 형식

② 조건부 서식

01 [E4:E19] 영역을 드래그하여 범위 지정한 후, [홈] 메뉴 – [스타일] 그룹 – [조건부 서식] – [셀 강조 규칙] – [보다 작음]을 클릭합니다.

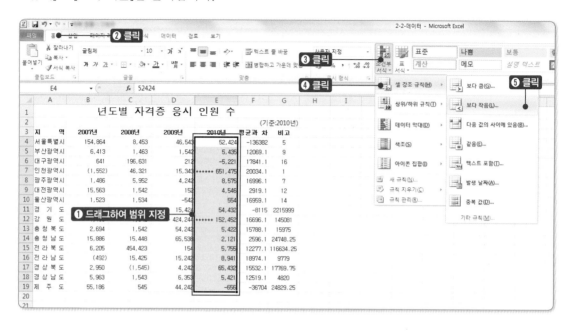

02 [보다 작음] 창이 나타나면 값을 5000으로 넣고 적용할 서식은 '사용자 지정 서식…'으로 선택합니다.

03 [셀 서식] 창이 나타나면 [글꼴] 탭 클릭 후, 글꼴 스타일 '굵게'를 지정 후 〈확인〉 단추 또는 Enter 를
누릅니다.

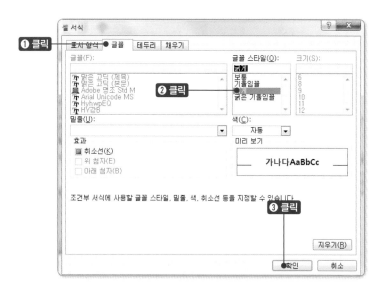

③ 테두리 지정

01 [A3:G19] 영역을 드래그하여 범위 지정한 후, 마우스 오른쪽을 클릭하여 [셀 서식]에 들어갑니다.

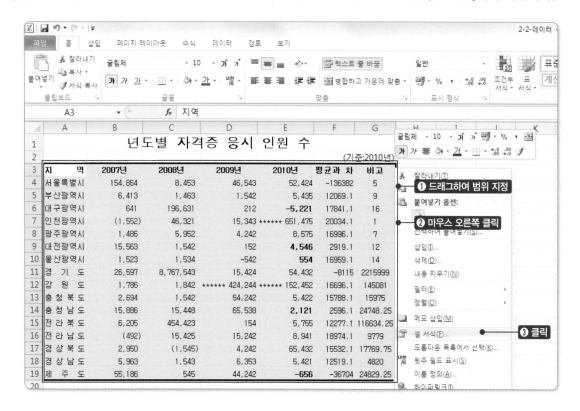

02 [테두리] 탭의 〈선〉에서 스타일을 ══(이중선)으로 지정한 후, ⊞(윤곽선)을 클릭합니다.

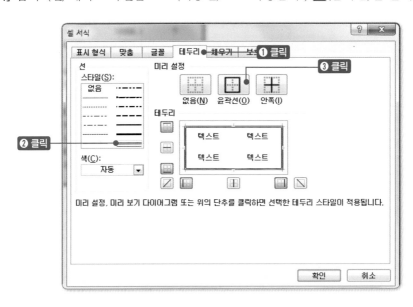

03 다음으로 〈선〉에서 스타일을 ──(실선)으로 지정하고 ⊞(세로)를 클릭한 다음 〈확인〉 단추 또는
   Enter 를 누릅니다.

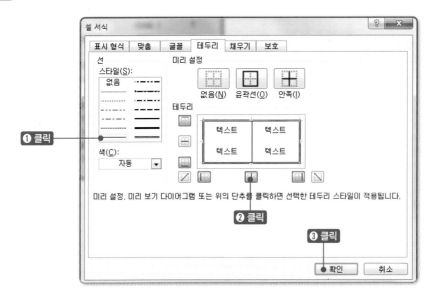

04 [A3:G3] 영역을 드래그하여 범위 지정한 후, 마우스 오른쪽을 클릭하여 [셀 서식]에 들어갑니다.

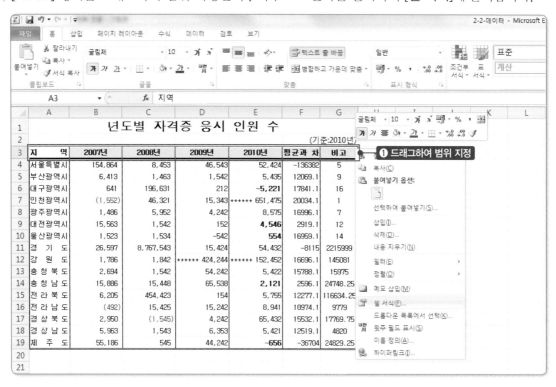

05 [테두리] 탭의 〈선〉에서 스타일을 ══(이중선)과 ▦(아래)를 클릭한 후 〈확인〉 단추 또는 Enter 를
누릅니다.

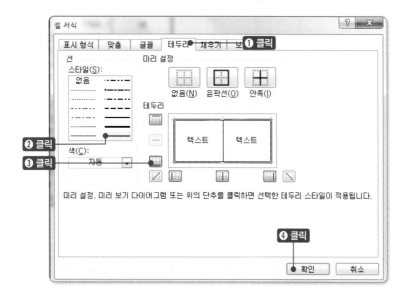

차트 작성과 데이터베이스 기능 사용

01 자동 필터 설정

문제형식 ① 자동 필터

【보 기】

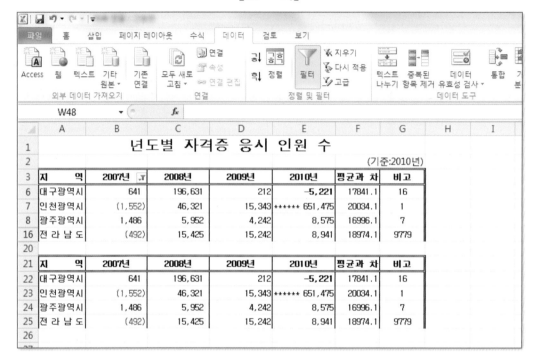

【처리사항】

- **차트 작성과 데이터베이스 기능 사용하기 배점 1번(20)**

  ※ 자격증응시수 시트에 작성

1. 자동 필터를 이용하여 '2007년'의 값이 하위 30%인 자료를 추출하고, 추출한 상태를 복사하여 A21셀부터 붙여 넣으시오.

   (단, 추출 후 반드시 자동 필터 상태를 유지하시오.)

- [파일] 메뉴 – [열기] ([Ctrl]+[O])
- '3-1-데이터.xlsx' 파일을 선택하고 〈열기〉 단추를 클릭합니다.

1 자동 필터

01 [B3:B19] 영역을 드래그하여 범위 지정한 후, [데이터] 메뉴 – [정렬 및 필터] 그룹 – [필터]를 클릭합니다.

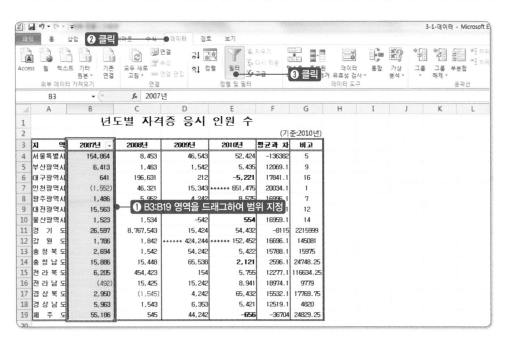

02 '2007년' 셀의 ▾(목록 단추)를 클릭하여 [숫자 필터] – [상위 10(T)...]을 선택합니다.

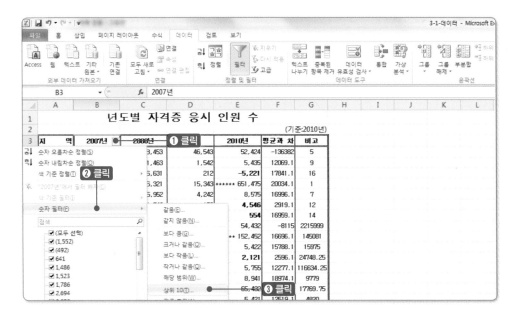

03 [상위 10 자동 필터] 창이 나타나면 다음과 같이 지정한 후 〈확인〉 단추를 클릭합니다.

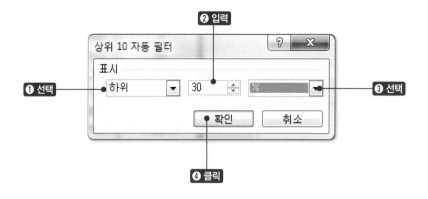

04 [A3:G16] 영역을 드래그하여 범위 지정한 후, Ctrl + C 를 눌러 [복사]합니다.

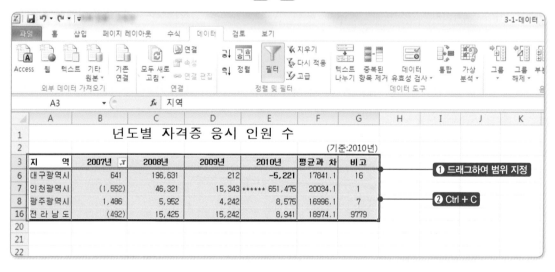

05 복사한 내용을 [A21]셀에서 Ctrl + V 를 눌러 [붙여넣기] 합니다.

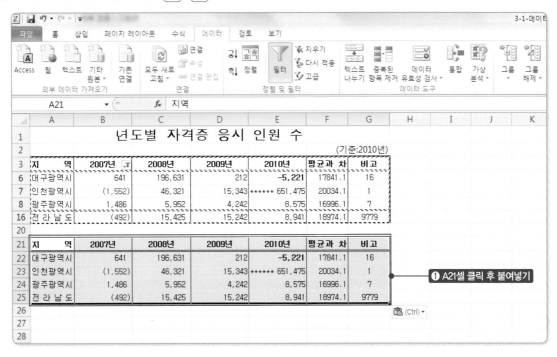

02 차트 만들기

문제형식
1 차트 종류 지정   2 차트 위치 및 시트명 입력   3 차트 제목 입력 및 서식 지정
4 축 옵션 및 눈금선 취소   5 데이터 계열 서식 지정   6 데이터 레이블 '값' 지정
7 3차원 회전 지정   8 텍스트 상자 지정   9 범례 지정

【보　　기】

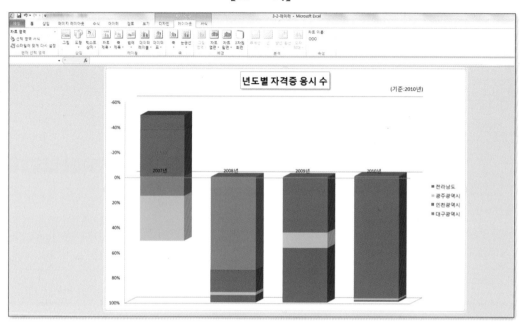

차트는 데이터를 한 눈에 보기 쉽게 나타내는 것으로 데이터 범위를 정확하게 잡는 것이 중요합니다.
완성된 차트에는 세부적인 서식을 지정하고 답안과 같도록 확인을 하여야 합니다.

【처리사항】

■ 차트 작성과 데이터베이스 기능 사용하기

배점 2번 1)번(6), 2)번(3), 3)번(4), 4)번(4), 5)번(6), 6)번(7), 7)번(6), 8)번(6), 9)번(6), 10)번(6), 11)번(6)

※ 자격증응시수 시트에 작성

2. **차트를 작성하시오.** (차트는 반드시 지정 상태를 확인할 수 있어야 하고, 차트를 두 개 이상 작성하거나 그림, 외부개체로 입력되면 감점됨)

1) 붙여 넣은(A21셀부터) 자료 중 '평균과 차'와 '비고'를 제외한 자료를 이용하여 차트를 작성

2) 차트 종류는 '3차원 100% 기준 누적 세로 막대형', 차트 스타일은 '스타일 2'로 지정

3) 작성한 차트 이동 위치는 '새 시트(S)'에 삽입

4) 작성한 차트가 있는 시트명은 '○○○(응시자 본인의 이름)'으로 입력

5) 차트 제목은 [차트 도구]-[디자인] 메뉴 [차트 레이아웃] 그룹의 '레이아웃 1'로 '년도별 자격증 응시 수'로 입력하고, 테두리 색은 '실선', 그림자는 미리 설정의 '바깥쪽, 오프셋 대각선 오른쪽 아래'를 지정

6) 기본 세로 축 옵션의 '값을 거꾸로'로 지정하고, 기본 가로 눈금선은 '없음'으로 지정

7) 데이터 계열 서식의 계열 옵션-간격 너비를 60%로 지정

8) '2007년' 계열 중 '인천광역시' 지역의 데이터 레이블 값이 나타나도록 지정

9) 3차원 회전의 회전은 X10°, Y5°로 지정

10) 차트 영역 **상단 오른쪽**에 [차트형태]와 같이 텍스트 상자를 이용하여 '(기준:2010년)'을 입력

11) [차트형태]와 같이 범례가 나타나도록 지정

- [파일] 메뉴 – [열기] (Ctrl+O)
- '3-2-데이터.xlsx' 파일을 선택하고 〈열기〉 단추를 클릭합니다.

1 차트 종류 지정

01 [A21:E25] 영역을 드래그하여 범위 지정한 후, [삽입] 메뉴 – [차트] 그룹 – [세로 막대형] – [3차원 100% 기준 누적 세로 막대형]을 클릭합니다.

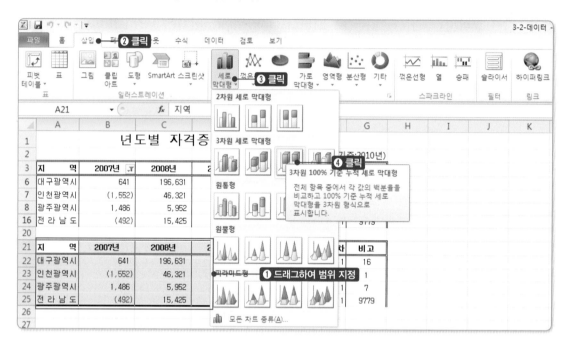

02 [차트 도구] – [디자인] 메뉴 – [차트 스타일] 그룹 – [스타일 2]를 클릭합니다.

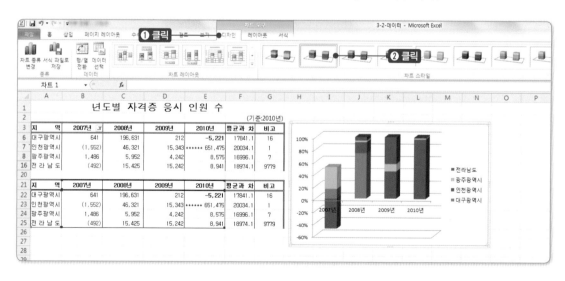

② 차트 위치 및 시트명 입력

01 [차트 도구] – [디자인] 메뉴 – [위치] 그룹 – [차트 이동]을 클릭합니다.

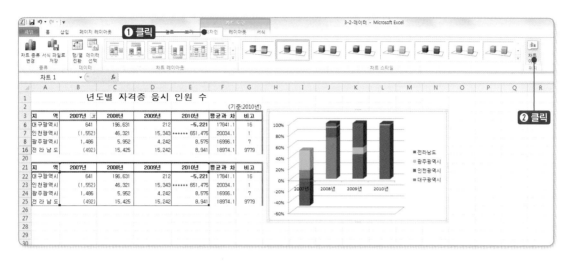

02 [**차트 이동**] 창이 나타나면 '새 시트(S)'를 체크한 후, 시트명에 응시자 본인의 이름(○○○)을 입력하고 〈확인〉 단추 또는 Enter를 누릅니다.

3 차트 제목 입력 및 서식 지정

01 [차트 도구] – [디자인] 메뉴 – [차트 레이아웃] 그룹 – [레이아웃 1]로 지정한 후, 차트 제목에 '년도 별 자격증 응시 수'를 입력합니다.

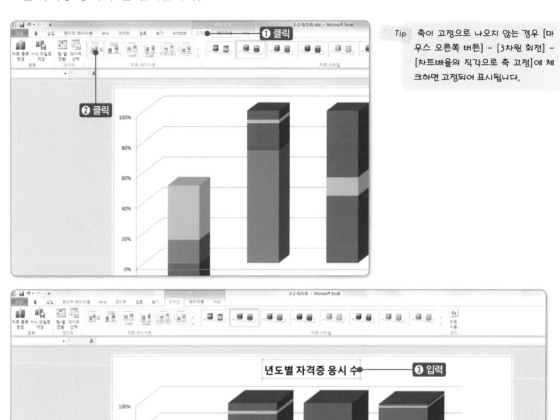

Tip 축이 고정으로 나오지 않는 경우 [마우스 오른쪽 버튼] – [3차원 회전] – [차트배율의 직각으로 축 고정]에 체크하면 고정되어 표시됩니다.

02 차트 제목을 클릭하여 범위를 지정한 후, 마우스 오른쪽을 클릭하여 [차트 제목 서식] – [테두리 색] – [실선]을 지정합니다.

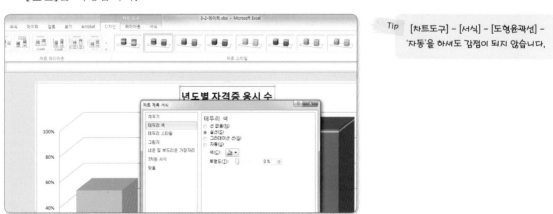

Tip [차트도구] – [서식] – [도형윤곽선] – '자동'을 하셔도 감점이 되지 않습니다.

03 [차트 도구] – [서식] – [도형 효과] – [그림자] – '바깥쪽, 오프셋 대각선 오른쪽 아래'를 클릭합니다.

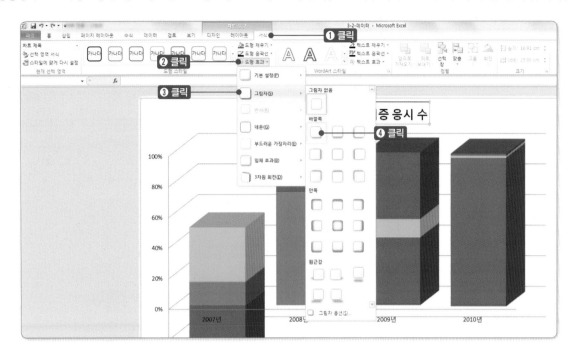

4 축 옵션 및 눈금선 취소

01 [차트 도구] – [레이아웃] 메뉴 – [축] 그룹 – [축] – [기본 세로 축] – [기타 기본 세로 축 옵션]을 클릭합니다.

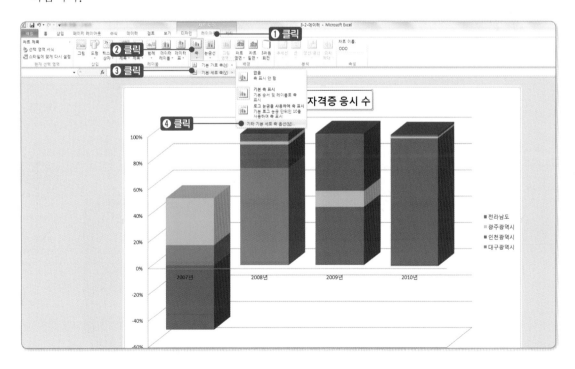

02 [축 서식] 창이 나타나면 [축 옵션]에서 '값을 거꾸로'를 클릭하여 체크 표시를 지정하고 〈닫기〉 단추 또는 Enter를 누릅니다.

03 [차트 도구] – [레이아웃] 메뉴 – [축] 그룹에서 [눈금선] – [기본 가로 눈금선] – [없음]을 클릭합니다.

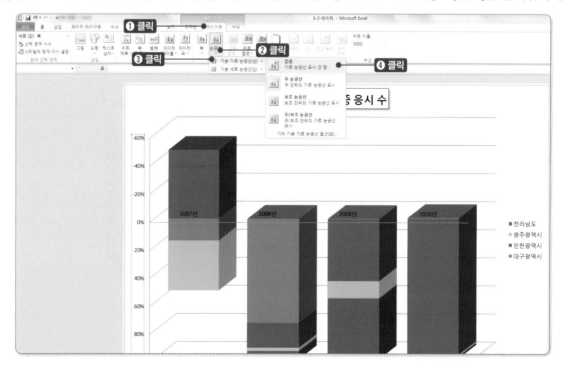

⑤ 데이터 계열 서식 지정

01 임의의 막대 계열에서 마우스 오른쪽을 클릭한 후 [데이터 계열 서식]을 클릭합니다.

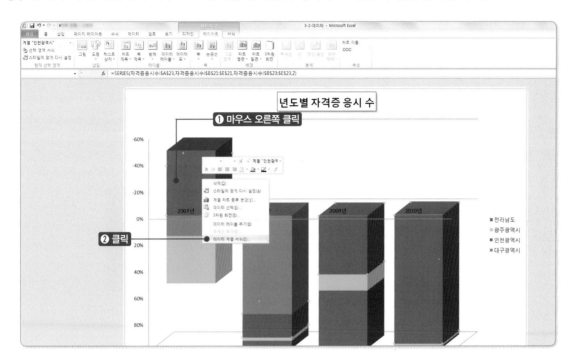

02 [데이터 계열 서식] 창이 나타나면 [계열 옵션]의 〈간격 너비〉에서 '60%'를 입력하고 〈닫기〉 단추 또는 Enter 를 누릅니다.

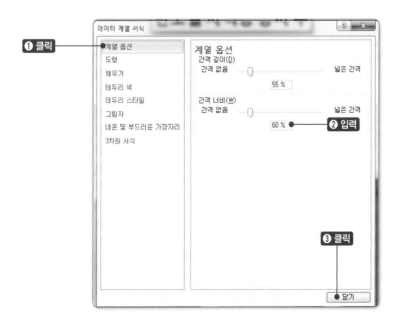

6 데이터 레이블 '값' 지정

01 '인천광역시' 계열을 마우스로 클릭한 후 '2007년' 위에서 다시 한 번 클릭합니다.

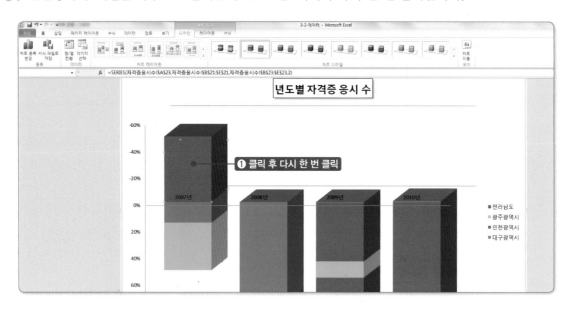

02 [차트 도구] - [레이아웃] 메뉴 - [레이블] 그룹에서 [데이터 레이블] - [표시]를 클릭합니다.

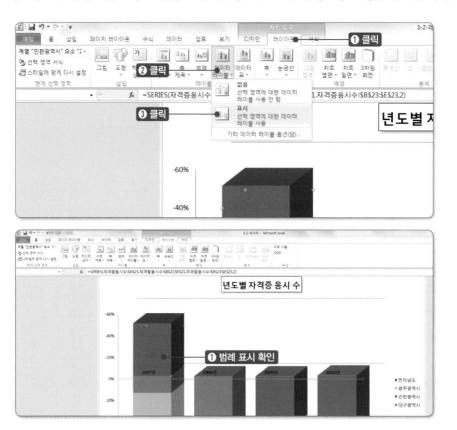

⑦ 3차원 회전 지정

01 [차트 영역]을 클릭한 후, [차트 도구] – [레이아웃] 메뉴 – [배경] 그룹 – [3차원 회전]을 클릭합니다.

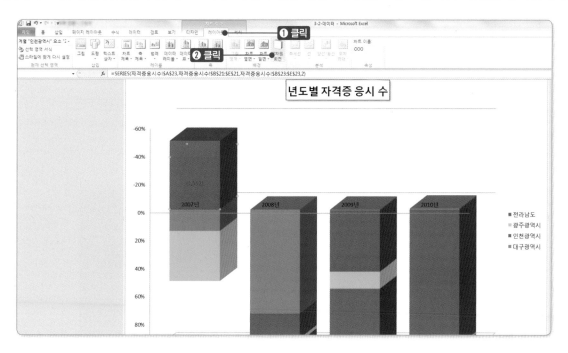

02 [차트 영역 서식] 창이 나타나면 [3차원 회전]을 클릭한 후 〈회전〉에서 X에 '10', Y에 '5'를 입력하고 〈닫기〉 단추 또는 Enter를 누릅니다.

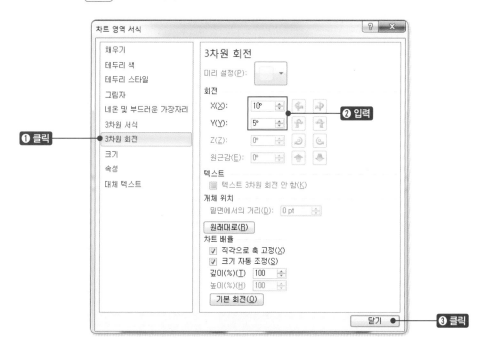

8 텍스트 상자 지정

01 [차트 도구] – [레이아웃] 메뉴 – [삽입] 그룹에서 [텍스트 상자] – [가로 텍스트 상자]를 클릭합니다.

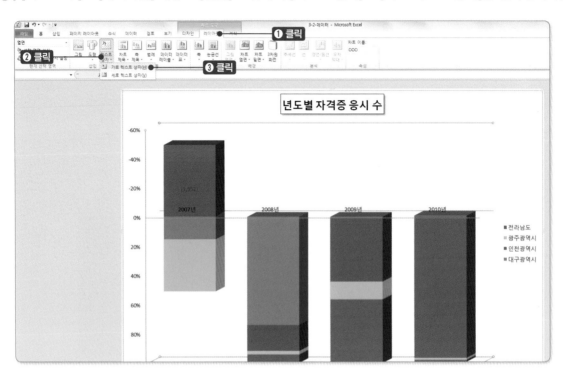

02 오른쪽 상단에 가로 텍스트 상자를 삽입한 후, '(기준:2010년)'을 입력하고 텍스트 상자를 드래그하여 위치를 조정합니다.

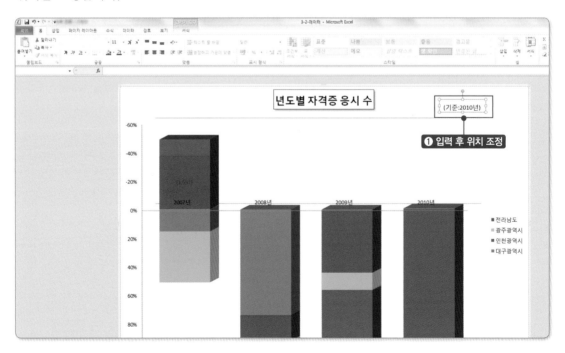

9 범례 지정

[차트 도구] – [레이아웃] 메뉴 – [레이블] 그룹에서 [범례]를 클릭하여 [차트 형태]와 같이 범례의 위치를 '오른쪽에 범례 표시'로 지정해 줍니다.

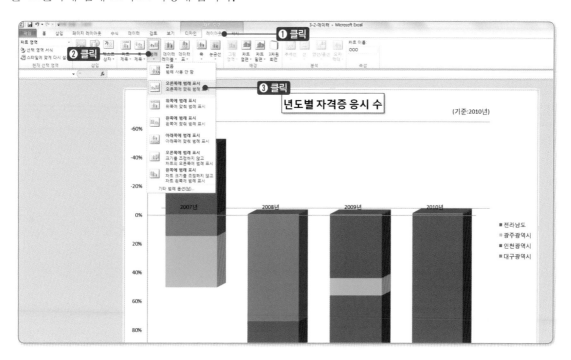

03 피벗 테이블 작성

문제형식 ① 피벗 테이블 작성 ② 시트명 변경

【보　기】

【처리사항】

■ **차트 작성과 데이터베이스 기능 사용하기 배점 3번(23)**

※ 데이터 시트의 A1~E17 셀을 이용하여 작성

3. 표(A1~E17 셀)를 이용하여 피벗 테이블을 작성하시오.

　1) 아래 조건으로 피벗 테이블을 작성하시오.

　　– 피벗 테이블 보고서 작성 위치 : 새 워크시트

　　– 피벗 테이블 레이아웃

　　　행 레이블 : 여부, Σ 값

　　　Σ 값 : 2007년, 2008년, 2009년 (함수:개수)

　　– 시트명은 '피벗'으로 입력

- [파일] 메뉴 – [열기] (Ctrl + O)
- '3-3-데이터.xlsx' 파일을 선택하고 〈열기〉 단추를 클릭합니다.

1 피벗 테이블 작성

01 '데이터' 시트의 [A1:E17] 영역을 드래그하여 범위 지정한 후, [삽입] 메뉴의 [표] 그룹 – [피벗 테이블] – [피벗 테이블]을 클릭합니다.

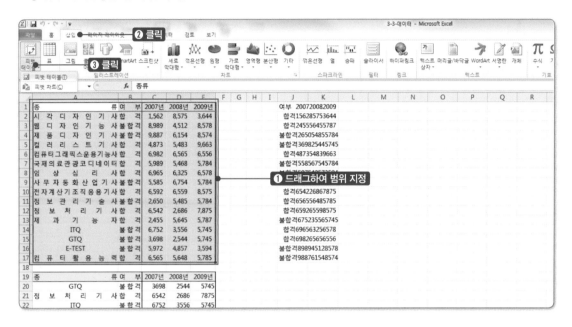

02 [피벗 테이블 만들기] 창이 나타나면 '표/범위'와 '보고서 넣을 위치'를 확인한 후 〈확인〉 단추 또는 Enter를 누릅니다.

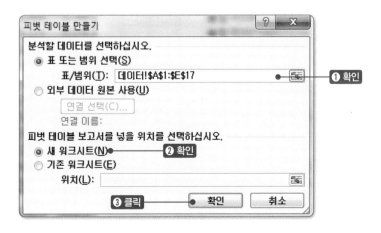

03 워크시트 오른쪽 [피벗 테이블 필드 목록]의 〈보고서에 추가할 필드 선택〉에서 '여부'를 '행 레이블' 항목으로 끌어다 놓습니다.

04 같은 방법으로 '2007년', '2008년', '2009년'을 'Σ 값' 항목으로 끌어다 놓습니다.

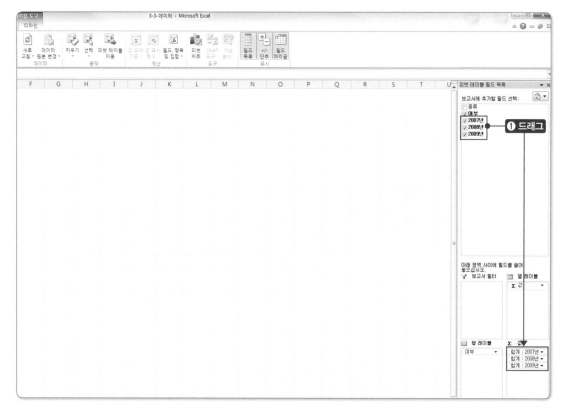

05 같은 방법으로 'Σ 값'을 드래그하여 '행 레이블' 항목으로 끌어다 놓습니다.

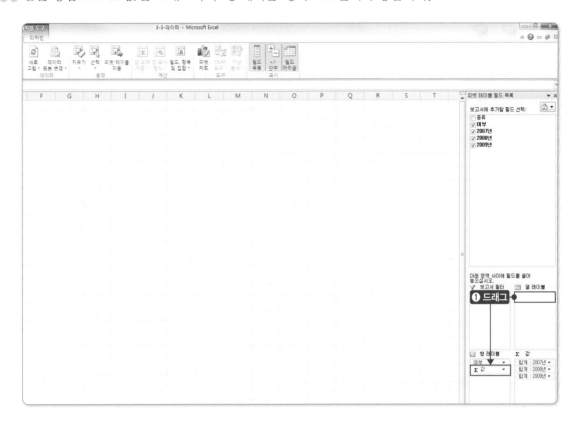

06 'Σ 값' 항목에서 '2007년'을 클릭한 후 [값 필드 설정]을 클릭합니다.

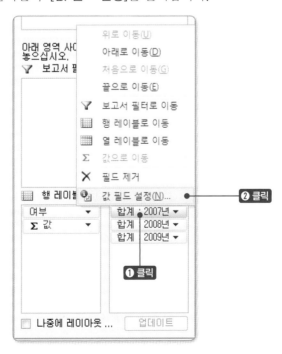

07 [값 필드 설정] 창이 나타나면 [값 요약 기준] 탭에서 '개수'를 클릭한 후 〈확인〉 단추 또는 Enter 를 누릅니다.

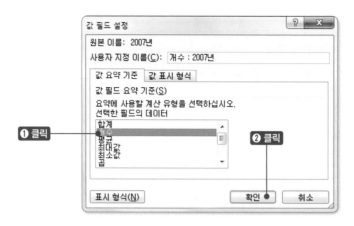

08 같은 방법으로 '2008년', '2009년'을 '개수'로 설정합니다.

09 다음과 같이 피벗 테이블이 작성된 것을 확인합니다.

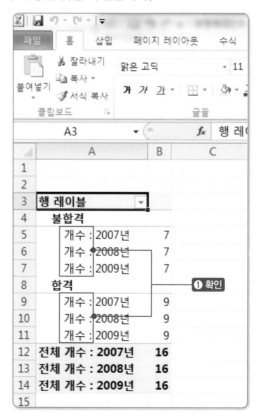

2 시트명 변경

01 워크시트 하단의 'Sheet1'을 더블 클릭합니다.

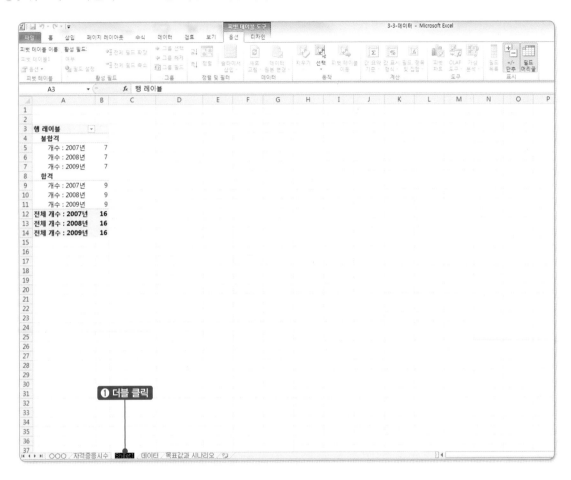

02 시트명을 '피벗'으로 입력한 후 Enter 를 누릅니다.

04 정렬 및 부분합 작성

문제형식 ① 정렬 ② 부분합 지정

【보　　기】

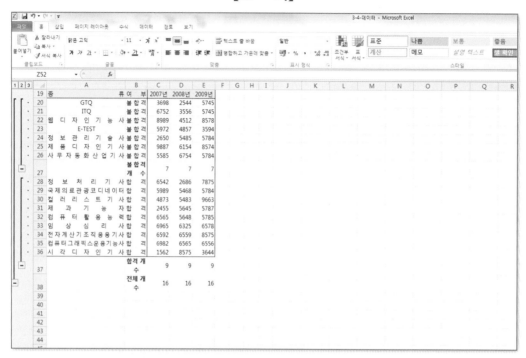

【처리사항】

■ **차트 작성과 데이터베이스 기능 사용하기 배점 4번(20)**

　※ 데이터 시트의 A19~E35 셀을 이용하여 작성

4. 표(A19~E35 셀)를 이용하여 부분합을 작성하시오.

　(부분합 결과는 열 너비를 조절하지 않아도 됨)

　　1) 아래 조건으로 부분합을 구하시오

　　　– 정렬 : 정렬 기준은 '여부', '오름차순'으로 지정

　　　– 그룹화할 항목 : 여부

　　　– 사용할 함수 : 개수

　　　– 부분합 계산 항목 : 2007년, 2008년, 2009년

- [파일] 메뉴 – [열기] (Ctrl+O)
- '3-4-데이터.xlsx' 파일을 선택하고 〈열기〉 단추를 클릭합니다.

1 정렬

01 '데이터' 시트에서 [B19]셀을 클릭합니다.

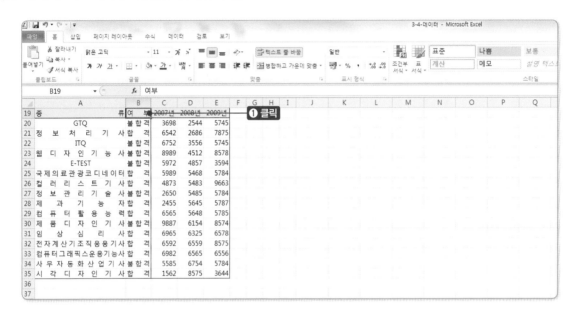

02 [데이터] 메뉴 – [정렬 및 필터] 그룹에서 ↓ (텍스트 오름차순 정렬)을 클릭합니다.

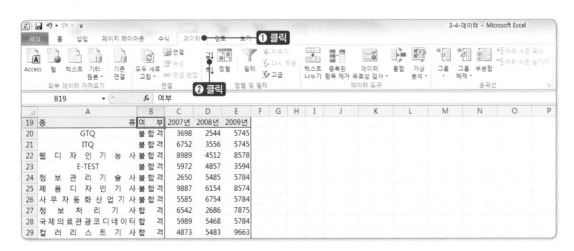

> **Tip**
> - 리본 메뉴 : [데이터] 메뉴 – [정렬 및 필터] 그룹 – [정렬]
> - 도구모음 : ↓ (오름차순 정렬), ↑ (내림차순 정렬)

② 부분합 지정

01 [데이터] 메뉴 – [윤곽선] 그룹 – [부분합]을 클릭합니다.

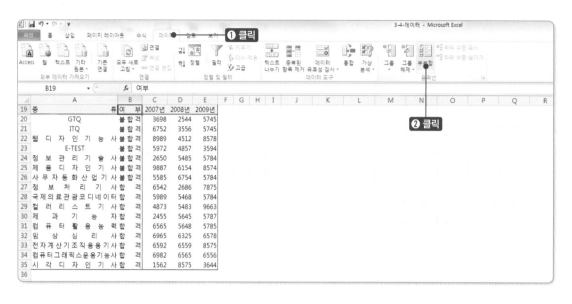

02 [부분합] 창이 나타나면 그룹화할 항목에 '여부', 사용할 함수에 '개수', 부분합 계산 항목에 '2007년', '2008년', '2009년'을 체크한 후 〈확인〉 단추 또는 Enter를 누릅니다.

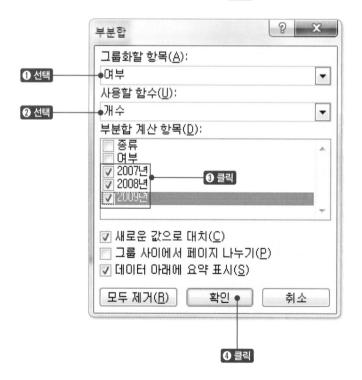

05 텍스트 나누기

문제형식 1 텍스트 나누기 작성

【보 기】

1 2 3		J	K	L	M	N	O	P	Q	R	S	T	U	V	W
	1	여부	2007	2008	2009										
	2	합	1562	8575	3644										
	3	합	2455	5645	5787										
	4	불합	2650	5485	5784										
	5	불합	3698	2544	5745										
	6	합	4873	5483	9663										
	7	불합	5585	6754	5784										
	8	불합	5975	4857	3594										
	9	합	5989	5468	5784										
	10	합	6542	2686	7875										
	11	합	6565	5648	5785										
	12	합	6592	6559	8575										
	13	불합	6752	3556	5745										
	14	합	6965	6325	6578										
	15	합	6982	6565	6556										
	16	불합	8989	4512	8578										
	17	불합	9887	6154	8574										
	18														
	19														

【처리사항】

■ 차트 작성과 데이터베이스 기능 사용하기 배점 5번(15)

※ 데이터 시트의 J1~J17 셀을 이용하여 작성

5. 표(J1~J17 셀)를 이용하여 텍스트 나누기를 작성하시오.

1) 아래 조건으로 텍스트 나누기를 작성하시오.

– 원본 데이터 형식 : 너비가 일정함

– 열 구분선 : 4개를 지정하여 5열로 나눔

(구분선 지정 위치 : 4, 6, 10, 14)

– 열 데이터 서식 : 두 번째 열은 가져오지 않음(건너뜀) 지정

- [파일] 메뉴 – [열기] (Ctrl+O)
- '3-5-데이터.xlsx' 파일을 선택하고 〈열기〉 단추를 클릭합니다.

1 텍스트 나누기 작성

01 [J1:J17] 영역을 드래그하여 범위 지정한 후, [데이터] 메뉴 – [데이터 도구] 그룹 – [텍스트 나누기]를 클릭합니다.

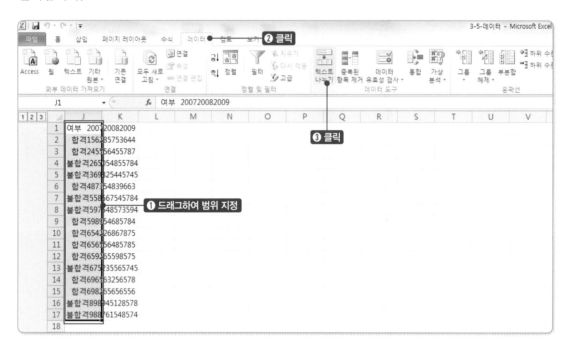

02 [텍스트 마법사 – 3단계 중 1단계]에서 '너비가 일정함'을 선택한 후 〈다음〉 단추 또는 Enter를 누릅니다.

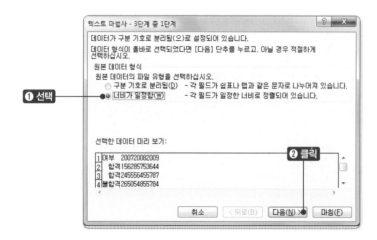

03 [텍스트 마법사 – 3단계 중 2단계]의 〈데이터 미리 보기〉에서 눈금자의 4, 6, 10, 14열을 클릭하여 열 구분선을 지정하고 〈다음〉 단추 또는 [Enter]를 누릅니다.

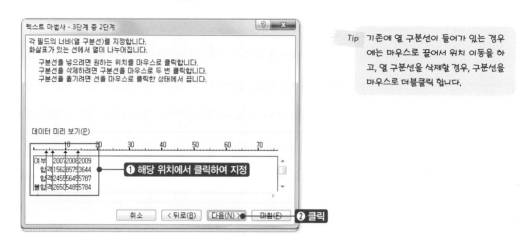

Tip 기존에 열 구분선이 들어가 있는 경우에는 마우스로 끌어서 위치 이동을 하고, 열 구분선을 삭제할 경우, 구분선을 마우스로 더블클릭 합니다.

04 [텍스트 마법사 – 3단계 중 3단계]에서 두 번째 열을 클릭한 후, 〈열 데이터 서식〉의 '열 가져오지 않음(건너뜀)'을 클릭하고 〈마침〉 단추 또는 [Enter]를 누릅니다.

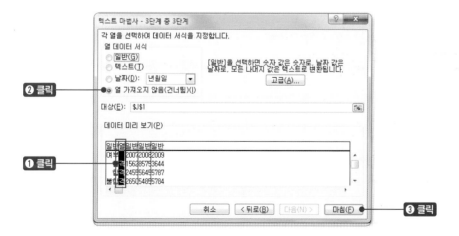

PART 04

목표값과
시나리오

01 목표값 찾기

문제형식 ① 목표값 찾기

【보　기】

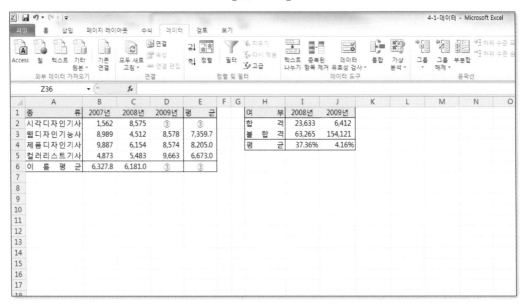

【처리사항】

■ 데이터 분석 기능 사용하기 배점 1번(15)

※ 목표값과 시나리오 시트에 작성

1. 목표값 찾기를 이용하여(A1~E6 셀)의 이름평균의 평균이 7,000.5가 되도록 시각디자인
기사의 2009년 값을 구하시오.

　1) 아래 조건으로 목표값 찾기를 구하시오. (③부분이 변경되어야 함)

　　– 수식 셀 : E6(이름평균 평균)

　　– 찾는 값 : 7,000.5

　　– 값을 바꿀 셀 : D2(시각디자인기사 2009년)

- [파일] 메뉴 – [열기] ((Ctrl)+(O))
- '4–1–데이터.xlsx' 파일을 선택하고 〈열기〉 단추를 클릭합니다.

1 목표값 찾기

01 '목표값과 시나리오' 시트에서 [E6]셀을 클릭합니다.

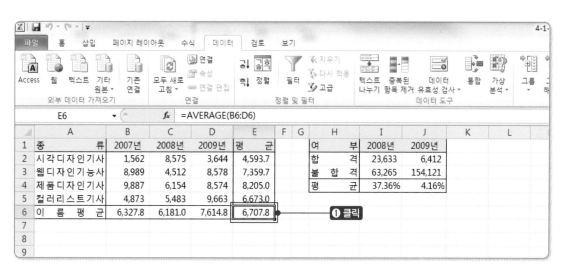

02 [데이터] 메뉴 – [데이터 도구] 그룹 – [가상 분석] – [목표값 찾기]를 클릭합니다.

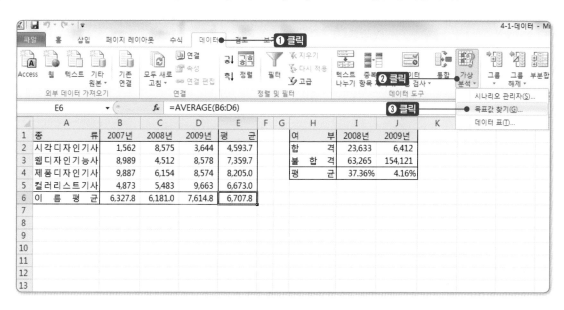

03 **[목표값 찾기]** 창이 나타나면 수식 셀에 'E6', 찾는 값에 '7000.5', 값을 바꿀 셀에 'D2'(또는 '$D$2')를 입력한 후 〈확인〉 단추 또는 [Enter]를 누릅니다.

04 **[목표값 찾기 상태]** 창이 나타나면 목표값과 현재값을 확인한 후 〈확인〉 단추 또는 [Enter]를 누릅니다.

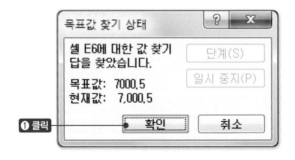

02 시나리오 요약 보고서 및 시트 순서

문제형식 ① 시나리오 요약 ② 시트 순서 지정

【보 기】

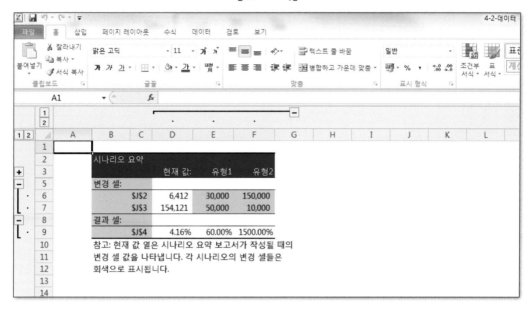

【처리사항】

■ **데이터 분석 기능 사용하기 배점 2번(15), 3번(2)**

※ 목표값과 시나리오 시트를 이용해서 작성

2. 표(H1~J4 셀)를 이용하여 2009년의 평균(J4)을 위한 시나리오를 작성하시오.

1) 시나리오 이름 : 유형1, 유형2

2) 변경 셀 : J2, J3 셀

변경 셀	유형1 변경 값	유형2 변경 값
J2	30,000	150,000
J3	50,000	10,000

3) 보고서 종류 : 시나리오 요약

3. 시트의 순서는 반드시 아래와 같이 하시오. (반드시 지정된 시트만 있어야 함)

○○○ ⇨ 자격증응시수 ⇨ 피벗 ⇨ 데이터 ⇨ 시나리오 요약 ⇨ 목표값과 시나리오

- [파일] 메뉴 – [열기] ((Ctrl)+(O))
- '4-2-데이터.xlsx' 파일을 선택하고 〈열기〉 단추를 클릭합니다.

1 시나리오 요약

01 '목표값과 시나리오' 시트의 [J2:J3] 영역을 드래그하여 범위 지정한 후, [데이터] 메뉴 – [데이터 도구] 그룹 – [가상 분석] – [시나리오 관리자]를 클릭합니다.

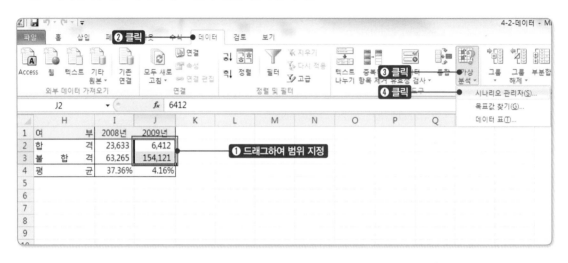

02 [시나리오 관리자] 창이 나타나면 〈추가〉 단추를 클릭합니다.

03 [시나리오 추가] 창이 나타나면 시나리오 이름에 '유형1', 변경 셀에 'J2:J3'(또는 '$J$2:$J$3')을 지정한 후 〈확인〉 단추 또는 Enter 를 누릅니다.

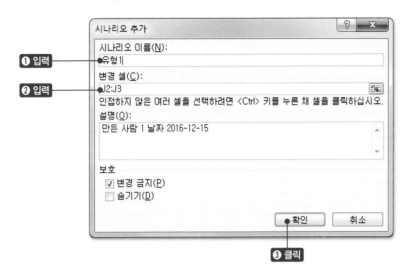

04 [시나리오 값] 창이 나타나면 해당 값을 입력하고, 〈추가〉 단추를 클릭합니다.

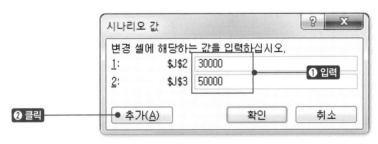

05 같은 방법으로 [시나리오 추가] 창이 나타나면 시나리오 이름에 '유형2', 변경 셀에 'J2:J3'(또는 '$J$2:$J$3')을 지정한 후 〈확인〉 단추 또는 Enter 를 누릅니다.

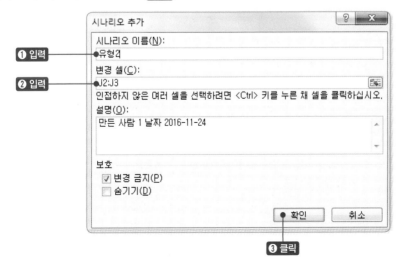

06 [시나리오 값] 창이 나타나면 해당 값을 입력한 후 〈확인〉 단추를 클릭합니다.

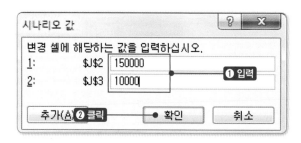

07 [시나리오 관리자] 창이 나타나면 〈요약〉 단추를 클릭합니다.

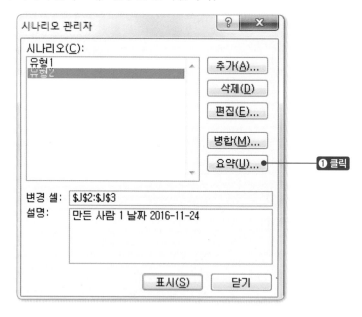

08 [시나리오 요약] 창이 나타나면 보고서 종류에 '시나리오 요약', 결과 셀에 'J4'(또는 '$J$4')를 지정한 후 〈확인〉 단추 또는 Enter를 누릅니다.

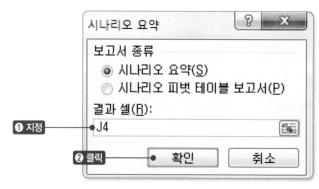

2 시트 순서 지정

마우스를 이용하여 시트 순서를 '○○○ ⇨ 자격증응시수 ⇨ 피벗 ⇨ 데이터 ⇨ 시나리오 요약 ⇨ 목표 값과 시나리오' 순으로 정렬합니다.

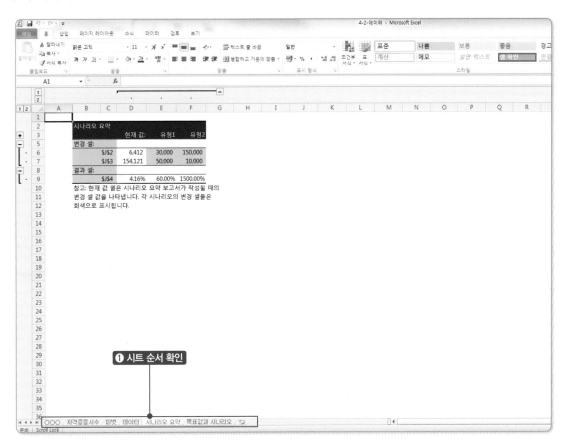

<〈 자주 나오는 엑셀 함수 〉

1. 수학 함수

함수명	표시형식	설명
SUM	=sum(수1,수2...) =sum(범위)	지정된 셀 범위의 합계를 구하는 함수
ROUND	=round(수, 소수점이하 자릿수)	표시된 소수점 이하 자릿수에서 반올림
ROUNDDOWN	=rounddown(수, 내림할 자릿수)	지정된 자릿수 아래의 수를 내림
ROUNDUP	=roundup(수, 올림할 자릿수)	지정된 자릿수 아래의 수를 올림
MOD	=mod(나누어질 수, 나눌인수)	나머지를 구하여 표시

〈ROUND, ROUNDUP, ROUNDDOWN 함수 자릿수〉
※ROUND 함수는 5 이상이면 올림이 발생되고, 5 미만인 경우는 내림이 발생

−3	천의 자리
−2	백의 자리
−1	십의 자리
0	정수
1	소수 첫째 자리
2	소수 둘째 자리
3	소수 셋째 자리

2. 통계 함수

함수명	표시형식	설명
AVERAGE	=average(수1,수2...) =average(범위)	평균을 구하는 함수
MAX	=max(수1,수2...) =max(범위)	최대값을 구하는 함수
MIN	=min(수1,수2...) =min(범위)	최소값을 구하는 함수
RANK.EQ	=rank.eq(수,범위,[옵션])	범위에서 수의 순위를 구하는 함수 〈옵션〉 0 또는 생략 : 큰 수가 1위(내림차순) 1 : 작은 수가 1위(오름차순)

3. 논리 함수

함수명	표시형식	설명
IF	=if(조건,참값(데이터),거짓값(데이터))	조건을 만족하는 참값과 거짓값을 구함
AND	=and(조건1,조건2,조건3...)	조건을 모두 만족하는 값 —모두 참이면 TRUE —하나라도 거짓이면 FALSE
OR	=or(조건1,조건2,조건3...)	조건 중 하나만 만족해도 되는 값 —하나라도 참이면 TRUE —모두 거짓이면 FALSE

4. 문자열 함수

함수명	표시형식	설명
LEFT	=left(문자열,추출할 문자수)	문자열의 왼쪽에서 추출
RIGHT	=right(문자열,추출할 문자수)	문자열의 오른쪽에서 추출
MID	=mid(문자열,시작번호,추출할 문자수)	문자열의 중간(시작번호)에서 추출
LEN	=len(문자열)	문자열 내의 문자열 개수를 구함
REPLACE	=replace(문자열,시작위치,바꿀문자열 수,"바꿀문자열")	문자열의 시작위치에서부터 지정하는 수만큼 문자열을 다른 문자로 바꿈
FIND	=find("찾을문자열",찾으려는 내용이 포함된 셀선택,찾기시작할문자위치)	지정한 문자열을 다른 문자열 내에서 찾아해당 문자열의 시작 위치를 나타내주는 함수 *대/소문자 구분

* 찾기 시작할 문자 위치 생략 시 첫 번째로 표시되는 위치 반환

5. 찾기 참조영역 함수

함수명	표시형식	설명
CHOOSE	=choose(대상,첫째값(데이터),둘째값(데이터)...)	값들 중에서 대상에 해당하는 값 표시

6. 정보 함수

함수명	표시형식	설명
ISERR	=iserr(셀 또는 계산식)	값이 #N/A를 제외한 오류 값이면 TRUE를 반환

1. IF, FIND, ISERR, RANK.EQ, SUM

=IF(ISERR(FIND("광",A4)),RANK.EQ(E4,$E$4:$E$19,0),SUM(B4:E4))

	G4			f_x	=IF(ISERR(FIND("광",A4)),RANK.EQ(E4,$E$4:$E$19,0),SUM(B4:E4))		
	A	B	C	D	E	F	G	H

지하수이용 현황

(단위:킬로미터)

지　　　　역	2006년	2007년	2008년	2009년	차지율(%)	비고
서 울 특 별 시	32,052	28,195	******26,191	******24,602	0.7	16
부 산 광 역 시	41,523	38,060	******34,915	******34,760	1	149258
대 구 광 역 시	30,469	27,844	******24,101	******24,678	0.7	107092
인 천 광 역 시	45,140	41,879	******46,229	******45,193	1.2	178441

– 조건 : 각 지역의 문자열에 '광'을 포함하지 않는 경우
– 참 : '2009년'을 기준으로 각 지역의 내림차순 순위
– 거짓 : 각 지역의 '2006년'부터 '2009년'까지의 합계

2. IF, AND, FIND, ISERR, RANK.EQ, AVERAGE

=IF(AND(ISERR(FIND("해",A4)),ISERR(FIND("남",A4))),RANK.EQ(E4,$E$4:$E$19,0),AVERAGE(B4:E4))

	G4			f_x	=IF(AND(ISERR(FIND("해",A4)),ISERR(FIND("남",A4))),RANK.EQ(E4,$E$4:$E$19),AVERAGE(B4:E4))			
	A	B	C	D	E	F	G	H	I	J

노선별 교통량 현황

(단위:천대)

노　　　　선	2005년	2006년	2007년	2008년	평균과 차	비고
경 부 선	338,307	351,749	******357,943	******338,010	-8492.3	1
남 해 선	110,657	110,264	108,204	102,596	-5334.3	107930.25
서 해 안 선	100,759	99,509	102,884	103,824	2080	101744
익 산 포 항 선	(11,259)	11,301	15,072	20,507	11601.8	16

– 조건 : 각 노선의 문자열에 '해'와 '남'을 포함하지 않는 경우
– 참 : '2008년'을 기준으로 각 노선의 내림차순 순위
– 거짓 : 각 노선의 '2005년'부터 '2008년'까지의 평균

3. IF, LEFT, MOD, RANK.EQ, SUM

=IF(MOD(LEFT(A4,4),2)=0,RANK.EQ(C4,$C$4:$C$19,0),SUM(B4:E4))

	G4		▼	f_x	=IF(MOD(LEFT(A4,4),2)=0,RANK.EQ(C4,$C$4:$C$19,0),SUM(B4:E4))			
	A	B	C	D	E	F	G	H	I
1			대학교별 입학생 현황						
2							(단위:명)		
3	입 학 연 도	서 울 대 학 교	경 북 대 학 교	부 산 대 학 교	영 남 대 학 교	평 균 과 차	비 고		
4	1991년	9,502	9,922	10,770	9,865	-1,332	40059		
5	1992년	8,650	8,532	8,465	8,432	-480	8		
6	1993년	*******12,000	*******11,875	11,883	10,765	-3,830	46503		
7	1994년	8,645	8,643	8,750	8,621	-475	6		

– 조건 : 각 입학연도의 왼쪽부터 4자리 수치가 짝수인 경우
– 참 : '경북대학교'를 기준으로 각 입학연도의 내림차순 순위
– 거짓 : 각 입학연도의 '서울대학교'부터 '영남대학교'까지 합계

4. IF, OR, LEFT, MOD, RANK.EQ, SUM

=IF(OR(MOD(LEFT(A4,4),3)=0,MOD(LEFT(A4,4),5)=0),RANK.EQ(D4,$D$4:$D$19,0),SUM(B4:E4))

	G4		▼	f_x	=IF(OR(MOD(LEFT(A4,4),3)=0,MOD(LEFT(A4,4),5)=0),RANK.EQ(D4,$D$4:$D$19),SUM(B4:E4))				
	A	B	C	D	E	F	G	H	I	J
1			농가판매가격지수 현황						
2						(기준:2000년)			
3	연 도	곡 물	청 과 물	축 산 물	기 타	평 균 과 차	비 고		
4	1992년	77.2	92.4	93.2	87.9	19.5	12		
5	1993년	78.1	92.3	89.4	97.0	19.6	356.8		
6	1994년	84.9	*******107.8	92.9	100.0	4.1	385.6		
7	1995년	90.1	*******114.1	99.4	105.0	-2.3	9		

– 조건 : 각 연도의 왼쪽부터 4자리 수치가 3의 배수이거나 5의 배수
– 참 : '축산물'을 기준으로 각 연도의 내림차순 순위
– 거짓 : 각 연도의 '곡물'부터 '기타'까지의 합계

5. IF, OR, LEFT, RANK.EQ, AVERAGE

=IF(OR(LEFT(A4,1)="K",LEFT(A4,1)="불"),RANK.EQ(B4,$B$4:$B$19,0),AVERAGE(B4:E4))

	G4			fx	=IF(OR(LEFT(A4,1)="K",LEFT(A4,1)="불"),RANK.EQ(B4,$B$4:$B$19,0),AVERAGE(B4:E4))			
	A	B	C	D	E	F	G	H	I	J
1			TV 프로그램별 시청률						
2							(단위:%)		
3	TV 프 로 그 램 명	9월	10월	11월	12월	평균과 차	비고		
4	월계수 양복점 신사들	11	14	*6.3*	*3.2*	-5.4	8.55		
5	옥 중 화	21	21	*(31.2)*	20.1	12.6	7.55		
6	무 한 도 전	********65	********52	41.2	52.3	-0.4	52.675		
7	불 어 라 미 풍 아	9	11	*1.3*	10.2	2.4	15		

– 조건 : 각 TV프로그램명의 왼쪽부터 1글자가 'K'이거나 '불'인 경우
– 참 : '9월'을 기준으로 각 TV프로그램명의 내림차순 순위
– 거짓 : 각 TV프로그램명의 '9월'부터 '12월'까지의 평균

6. CHOOSE, LEN, MAX, MIN, AVERAGE

=CHOOSE(LEN(A4),,,MAX(C4:E4),MIN(C4:E4),AVERAGE(C4:E4))

	G4			fx	=CHOOSE(LEN(A4),,,MAX(C4:E4),MIN(C4:E4),AVERAGE(C4:E4))			
	A	B	C	D	E	F	G	H	I
1			주식별 종가 현황					
2							(단위:백만)	
3	종 목 명	시 가 총 액	2013년 종 가	2014년 종 가	2015년 종 가	평 균 과 차	비 고	
4	CS홀딩스	***** 12,325	6,487	2,351	6,487	-1◇72	5108.33333	
5	보루네오	9,585	2,215	9,478	6,554	1,168	2215	
6	사조해표	6,320	1,542	13,574	13,548	4,433	1542	
7	모나미	1,311	1,012	(1,358)	4,512	9,442	4512	

– 3인 경우 각 종목명의 '2013년종가'부터 '2015년종가'까지의 최대값
– 4인 경우 각 종목명의 '2013년종가'부터 '2015년종가'까지의 최소값
– 5인 경우 각 종목명의 '2013년종가'부터 '2015년종가'까지의 평균

7. IF, OR, RIGHT, RANK.EQ, SUM

=IF(OR(RIGHT(A4,2)="수입",RIGHT(A4,2)="지출"),RANK.EQ(B4,$B$4:$B$19,0),SUM(B4:E4))

	G4			fx	=IF(OR(RIGHT(A4,2)="수입",RIGHT(A4,2)="지출"),RANK.EQ(B4,$B$4:$B$19),SUM(B4:E4))			
	A	B	C	D	E	F	G	H	I	J
1			영농형태별 농가소득 현황						
2						(기준:2008년)			
3	구 분	논 벼	과 수	채 소	화 훼	평 균 과 차	비 고		
4	농 가 소 득	23,318	30,419	***** 24,164	***** 35,874	-14108.4	113775		
5	농 가 순 소 득	13,056	21,343	***** 14,705	***** 21,259	-4649.4	70363		
6	농 업 소 득	8,867	17,602	***** 11,561	***** 15,895	-1505.4	53925		
7	농 업 총 수 입	20,974	36,097	***** 31,084	***** 58,497	-21028.4	2		
8	농 업 경 영 비	12,107	18,495	***** 19,523	***** 42,602	-9467.4	92727		

- 조건 : 각 구분의 오른쪽부터 두 자리 문자가 '수입'이거나 '지출'
- 참 : '논벼'를 기준으로 각 구분의 내림차순 순위
- 거짓 : 각 구분의 '논벼'부터 '화훼'까지의 합계

8. IF, RIGHT, REPLACE, AVERAGE

=IF(RIGHT(A4,1)="시",REPLACE(A4,3,2,""),AVERAGE(B4:E4))

	G4			fx	=IF(RIGHT(A4,1)="시",REPLACE(A4,3,2,""),AVERAGE(B4:E4))		
	A	B	C	D	E	F	G
1			광고산업 평균 취급액				
2						(단위:백만원)	
3	지 역	광 고 대 행	광 고 제 작 업	인 쇄 업	매 체 대 행	평 균 과 차	비 고
4	서 울 특 별 시	7,086	1,428	************ 378	********** 7,217	-250	서울시
5	부 산 광 역 시	678	179	91	************ 533	50	부산시
6	대 구 광 역 시	589	335	113	************ 594	30	대구시
7	인 천 광 역 시	231	8	248	230	-120	인천시

- 조건 : 각 지역의 오른쪽 첫 번째 문자가 '시'
- 참 : 각 지역의 3번째와 4번째 문자가 나타나지 않도록 대체   예)서울특별시 → 서울시
- 거짓 : 각 지역의 '광고대행'부터 '매체대행'까지의 평균

9. 평균과 차 : AVERAGE, ROUNDDOWN

=ROUNDDOWN(AVERAGE($B$4:$B$19)−B4,2)

	F4		f_x	=ROUNDDOWN(AVERAGE($B$4:$B$19)-B4,2)	

	A	B	C	D	E	F	G	H	I
1	기 업 별 취 업 자 만 족 도 현 황								
2						(기준:2000년)			
3	기 업 이 름	만족	보통	불만	기타	평균과 차	비고		
4	청 주 기 업	****20.5	10.2	7.30	4.10	-6.6	10.525		
5	좋 은 기 업	12.2	15.3	5.70	2.10	1.74	14		
6	신 탁 기 업	15.3	9.7	10.10	3.80	-1.35	13		
7	인차기좋은기업	-17.1	8.7	6.40	(5.90)	31.04	16		

− 구한 값을 소수 셋째 자리에서 버림하여 소수 둘째 자리까지 나타내시오.

10. 차지율(%) : SUM, ROUNDUP

=ROUNDUP(E4/SUM($E$4:$E$19)*100,1)

	F4		f_x	=ROUNDUP(E4/SUM($E$4:$E$19)*100,1)	

	A	B	C	D	E	F	G	H
1	수도시설 이용 현황							
2						(단위:킬로미터)		
3	지 역	2006년	2007년	2008년	2009년	차지율(%)	비고	
4	서 울 특 별 시	32,052	28,195	******26,191	******24,602	0.7	16	
5	부 산 광 역 시	41,523	38,060	******34,915	******34,760	1	149258	
6	대 구 광 역 시	30,469	27,844	******24,101	******24,678	0.7	107092	
7	인 천 광 역 시	45,140	41,879	******46,229	******45,193	1.2	178441	
8	광 주 광 역 시	25,470	25,359	******25,083	******25,795	0.7	101707	
9	대 전 광 역 시	48,251	39,055	******39,561	******39,525	1.1	150393	

− 구한 값을 소수 둘째 자리에서 올림하여 소수 첫째 자리까지 나타내시오.

PART 05

실전
모의고사

제1회 실전모의고사

답안 작성 시 주의사항

- 답안문서 파일명은 응시자의 이름으로 저장하십시오.
- 반드시 주어진 자료 및 엑셀의 기능들을 이용하여 [처리사항]대로 답안문서를 작성하십시오.
  ([보기]를 참고하고, 주어진 자료 외 다른 자료 이용 시 감점 처리됩니다.)
- 답안 작성에 필요한 시트 이외에 다른 시트에 내용을 입력한 경우 감점 또는 부정행위의 대상이 됩니다.
- 답안은 반드시 문제에서 지정한 셀에 입력해야 하며, 임의로 셀의 위치를 변경한 경우 감점요인이 됩니다.
- 문제에서 제시된 내용이 중복 작성된 경우 감점요인이 됩니다.
  (예를 들어, 차트가 두 개 이상인 경우)
- 문제에서 지시하지 않은 사항은 프로그램의 기본 설정 값으로 지정하십시오.

제공 데이터

- 주어진 자료를 이용하여 답안문서를 작성하시오.
  (첨부파일보기 클릭 시 자료 페이지 열림)

【보기】 | 【처리사항】

■ 데이터 입력과 수식 작성하기

배점 1번(5), 2번(7), 3번(45), 4번(45)

※ 농가판매 시트에 1번부터 4번까지 작성하시오.

1. F3셀에 '평균과 차', G3셀에 '비고', G2셀에 '(기준:2000년)'을 입력하시오. (G2셀은 가로 오른쪽 맞춤으로 지정)

2. A1셀에 제목을 '농가판매가격지수 현황'으로 입력하시오.
   1) A1 ~ G1셀을 병합하고 가로 가운데 맞춤으로 지정
   2) 글꼴은 굴림체, 글꼴 크기는 15, 글꼴 스타일은 굵게 지정

3. [엑셀로 가공할 정보형태]의 ①(F4~F19셀) 부분의 평균과 차를 구하시오.
   1) 반드시 AVERAGE, ROUNDUP 함수를 모두 이용하여 구하시오.
   2) 반드시 아래 주어진 수식으로 구하고, 구한 값을 소수 둘째 자리에서 올림하여 소수 첫째 자리까지 나타내시오.
   ※ 평균과 차 = ('청과물'의 '1992년'부터 '2007년'까지의 평균 − '청과물'의 각 연도의 값)

4. [엑셀로 가공할 정보형태]의 ②(G4~G19셀) 부분의 비고를 구하시오.
   1) 반드시 AVERAGE, IF, LEFT, MOD, OR, RANK.EQ 함수를 모두 이용하여 구하시오.

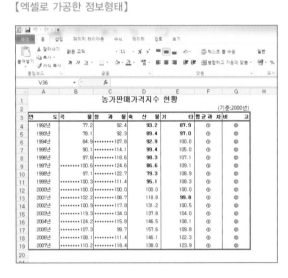

【엑셀로 가공한 정보형태】

2) 반드시 아래 주어진 조건에 따른 참과 거짓의 값으로 나타내시오.
 – 조건 : 각 연도의 왼쪽부터 4자리 수치가 3의 배수이거나 5의 배수
 – 참 : '축산물'을 기준으로 각 연도의 내림차순 순위
 – 거짓 : 각 연도의 '곡물'부터 '기타'까지의 평균

【엑셀로 가공한 정보형태】

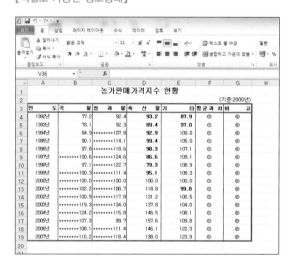

■ 서식 지정하기

배점 1번(2), 2번(3), 3번(2), 4번(3), 5번(6), 6번(3), 7번(9)

※ 농가판매 시트에 1번부터 7번까지 작성하시오.

1. 표(A3~G19셀) 안의 글꼴은 굴림체, 글꼴 크기는 10으로 지정하시오.

2. A3~G3셀은 가로 균등 분할 (들여쓰기) 맞춤으로 지정하고, A4~A19셀, G4~G19셀은 가로 가운데 맞춤으로 지정하시오.

3. A열의 열 너비는 9, B~E열의 열 너비는 10으로 지정하시오.

4. A3~G3셀의 글꼴 스타일은 굵게 지정하시오.

5. B4~C19셀의 수치는 사용자 지정 표시형식을 이용하여 소수 첫째 자리까지 나타나고, 100 이상인 경우 수치 앞에 빈 열 폭만큼 '*'이 나타나도록 지정하고, D4~E19셀의 수치는 숫자 표시형식을 이용하여 소수 첫째 자리까지 나타나고, 음수인 경우 빨강색으로 (1234.0)으로 나타나도록 지정하시오.

6. D4~E19셀의 수치는 조건부 서식을 이용하여 100 미만인 경우 글꼴 스타일이 굵게 나타나도록 지정하시오. (단, 수식을 이용하여 입력 시 감점)

7. 표(A3~G19셀) 윤곽선은 이중선, 표 안쪽 세로선은 실선, A3~G3셀의 아래선은 이중선이 나타나도록 작성하시오.

■ 차트 작성과 데이터베이스 기능 사용하기

배점 1번(20), 2번 1)번(6), 2)번(3), 3)번(4), 4)번(4), 5)번(6), 6)번(7), 7)번(6), 8)번(6), 9)번(6), 10)번(6), 11)번(6), 3번(23), 4번(20), 5번(15)

※ 농가판매 시트로 1번과 2번을 작성하시오.

1. 자동 필터를 이용하여 '곡물'의 백분율 값이 하위 30%인 자료를 추출하고, 추출한 상태를 복사하여 A21셀부터 붙여 넣으시오.
(단, 추출 후 반드시 자동 필터 상태를 유지하시오.)

【차트형태】

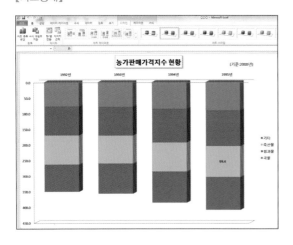

2. 차트를 작성하시오. (차트는 반드시 지정상태를 확인할 수 있어야 하고, 차트를 두 개 이상 작성하거나 그림, 외부개체로 입력되면 감점됨)
1) 붙여 넣은(A21셀부터) 자료 중 '평균과 차'와 '비고'를 제외한 자료를 이용하여 차트를 작성
2) 차트 종류는 '3차원 누적 세로 막대형', 차트 스타일은 '스타일 2'로 지정
3) 작성한 차트 이동 위치는 '새 시트(S)'에 삽입
4) 작성한 차트가 있는 시트명은 '○○○(응시자 본인의 이름)'으로 입력
5) 차트 제목은 [차트 도구]-[디자인]메뉴 [차트 레이아웃] 그룹의 '레이아웃 1'로 '농가판매가격지수 현황'으로 입력하고, 테두리 색은 '실선', 그림자는 미리 설정의 '바깥쪽, 오프셋 대각선 오른쪽 아래'를 지정
6) 기본 세로 축 옵션의 '값을 거꾸로'로 지정하고, 기본 가로 눈금선은 '없음'으로 지정
7) 3차원 회전 차트 배율의 깊이(%)는 '60'으로 지정
8) 3차원 회전의 회전은 X10°, Y5°로 지정
9) '축산물' 계열 중 '1995년'의 데이터 레이블 값이 나타나도록 지정
10) 차트 영역의 **상단 오른쪽**에 [**차트형태**]와 같이 텍스트 상자를 이용하여 '(기준:2000년)'을 입력
11) [**차트형태**]와 같이 범례가 나타나도록 지정

【피벗 테이블 형태】

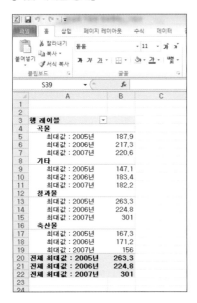

※ 데이터 시트의 A1~E17셀을 이용하여 3번을 작성하시오.

3. 표(A1~E17셀)를 이용하여 피벗 테이블을 작성하시오.
1) 아래 조건으로 피벗 테이블을 작성하시오.
   - 피벗 테이블 보고서 작성 위치 : 새 워크시트
   - 피벗 테이블 레이아웃
     행 레이블 : 구분, Σ 값
     Σ 값 : 2005년, 2006년, 2007년 (함수:최대값)
   - 시트명은 '피벗'으로 입력

| | 【보기】 | | | 【처리사항】 | |

【부분합 형태】

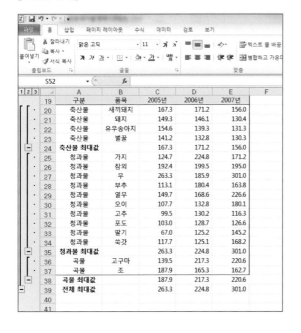

【텍스트 나누기 형태】

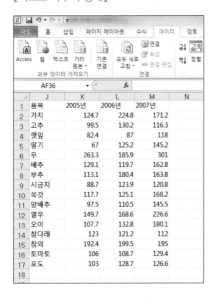

※ 데이터 시트의 A19~E35셀을 이용하여 4번을 작성하시오.

4. 표(A19~E35셀)를 이용하여 부분합을 작성하시오. (부분합 결과는 열 너비를 조절하지 않아도 됨)

   1) 아래 조건으로 부분합을 구하시오.
      - 정렬 : 정렬 기준은 '구분', '내림차순'으로 지정
      - 그룹화할 항목 : 구분
      - 사용할 함수 : 최대값
      - 부분합 계산 항목 : 2005년, 2006년, 2007년

※ 데이터 시트의 J1~J17셀을 이용하여 5번을 작성하시오.

5. 표(J1~J17셀)를 이용하여 텍스트 나누기를 작성하시오.
   1) 아래 조건으로 텍스트 나누기를 작성하시오.
      - 원본 데이터 형식 : 너비가 일정함
      - 열 구분선 : 4개를 지정하여 5열로 나눔
        (구분선 지정 위치 : 6, 12, 18, 24)
      - 열 데이터 서식 : 두 번째 열은 열 가져오지 않음(건너뜀) 지정

데이터 분석 기능 사용하기

배점 1번(15), 2번(15), 3번(2)

※ 목표값과 시나리오 시트로 1번과 2번을 작성하시오.

【목표값 형태】

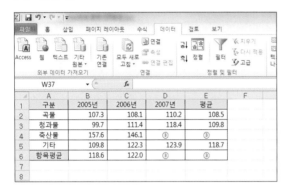

1. 목표값 찾기를 이용하여 표(A1~E6셀)의 항목평균의 평균이 122.5가 되도록 축산물의 2007년 값을 구하시오.
   1) 아래 조건으로 목표값 찾기를 구하시오. (③부분이 변경되어야 함)
      - 수식 셀 : E6(항목평균 평균)
      - 찾는 값 : 122.5
      - 값을 바꿀 셀 : D4(축산물 2007년)

【시나리오 형태】

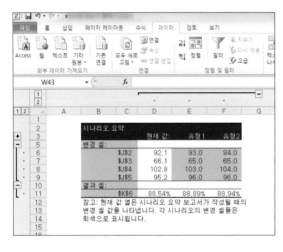

2. 표(H1~K6셀)를 이용하여 **일반미/보리의 평균(K6)**을 위한 시나리오를 작성하시오.
   1) 시나리오 이름 : 유형1, 유형2
   2) 변경 셀 : J2, J3, J4, J5 셀

변경 셀	유형1 변경 값	유형2 변경 값
J2	93.0	94.0
J3	65.0	65.0
J4	103.0	104.0
J5	96.0	96.0

   3) 보고서 종류 : 시나리오 요약

3. 시트의 순서는 반드시 아래와 같이 하시오. (반드시 지정된 시트만 있어야 함)
   ○○○ ⇨ 농가판매 ⇨ 피벗 ⇨ 데이터 ⇨ 시나리오 요약 ⇨ 목표값과 시나리오

제2회 실전모의고사

※ **답안 작성 시 주의사항**

- 답안문서 파일명은 응시자의 이름으로 저장하십시오.
- 반드시 주어진 자료 및 엑셀의 기능들을 이용하여 [처리사항]대로 답안문서를 작성하십시오.

  ([보기]를 참고하고, 주어진 자료 외 다른 자료 이용 시 감점 처리됩니다.)

- 답안 작성에 필요한 시트 이외에 다른 시트에 내용을 입력한 경우 감점 또는 부정행위의 대상이 됩니다.
- 답안은 반드시 문제에서 지정한 셀에 입력해야 하며, 임의로 셀의 위치를 변경한 경우 감점요인이 됩니다.
- 문제에서 제시된 내용이 중복 작성된 경우 감점요인이 됩니다.

  (예를 들어, 차트가 두 개 이상인 경우)

- 문제에서 지시하지 않은 사항은 프로그램의 기본 설정 값으로 지정하십시오.

※ **제공 데이터**

- 주어진 자료를 이용하여 답안문서를 작성하시오.

  (첨부파일보기 클릭 시 자료 페이지 열림)

| 【보기】 | 【처리사항】 |

▒ 데이터 입력과 수식 작성하기

배점 1번(5), 2번(7), 3번(45), 4번(45)

※ 지하수이용 시트에 1번부터 4번까지 작성하시오.

1. F3셀에 '차지율(%)', G3셀에 '비고', G2셀에 '(단위:킬로미터)'를 입력하시오. (G2셀은 가로 오른쪽 맞춤으로 지정)

2. A1셀에 제목을 '지하수이용 현황'으로 입력하시오.
   1) A1 ~ G1셀을 병합하고 가로 가운데 맞춤으로 지정
   2) 글꼴은 돋움체, 글꼴 크기는 15, 글꼴 스타일은 굵게 지정

【엑셀로 가공한 정보형태】

3. [엑셀로 가공할 정보형태]의 ①(F4~F19셀) 부분의 차지율을 구하시오.
   1) 반드시 SUM, ROUNDUP 함수를 모두 이용하여 구하시오.
   2) 반드시 아래 주어진 수식으로 구하고, 구한 값을 소수 둘째 자리에서 올림하여 소수 첫째 자리까지 나타내시오.
   ※ 차지율(%) = ('2009년'의 각 지역의 값 / '2009년'의 '서울특별시'부터 '제주도'까지의 합계*100)

4. [엑셀로 가공할 정보형태]의 ②(G4~G19셀) 부분의 비고를 구하시오.
   1) 반드시 FIND, IF, ISERR, RANK.EQ, SUM 함수를 모두 이용하여 구하시오.

【보기】	【처리사항】

2) 반드시 아래 주어진 조건에 따른 참과 거짓의 값으로 나타내시오.
- 조건 : 각 지역의 문자열에 '광'을 포함하지 않는 경우
- 참 : '2009년'을 기준으로 각 지역의 내림차순 순위
- 거짓 : 각 지역의 '2006년'부터 '2009년'까지의 합계

▦ 서식 지정하기

배점 1번(2), 2번(3), 3번(2), 4번(3), 5번(6), 6번(3), 7번(9)

※ 지하수 시트에 1번부터 7번까지 작성하시오.

1. 표(A3~G19셀) 안의 글꼴은 돋움체, 글꼴 크기는 10으로 지정하시오.

2. A3~A19셀은 가로 균등 분할 (들여쓰기) 맞춤으로 지정하고, B3~G3셀, G4~G19셀은 가로 가운데 맞춤으로 지정하시오.

3. A열의 열 너비는 12, B~E열의 열 너비는 10으로 지정하시오.

4. A3~G3셀의 글꼴 스타일은 굵게로 지정하시오.

5. B4~C19셀의 수치는 숫자 표시형식을 이용하여 세 자리마다 콤마가 나타나고, 음수인 경우 빨강색으로 (1,234)로 나타나도록 지정하고, D4~E19셀의 수치는 사용자 지정 표시형식을 이용하여 세 자리마다 콤마가 나타나고, 50,337 이하인 경우 수치 앞에 빈 열 폭만큼 '*'이 나타나도록 지정하시오.

6. B4~B19셀의 수치는 조건부 서식을 이용하여 51,114 미만인 경우 글꼴 스타일이 굵게 나타나도록 지정하시오. (단, 수식을 이용하여 입력 시 감점)

7. 표(A3~G19셀) 윤곽선은 이중선, 표 안쪽 세로선은 실선, A3~G3셀의 아래선은 이중선이 나타나도록 작성하시오.

【엑셀로 가공한 정보형태】

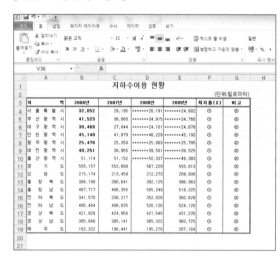

■ 차트 작성과 데이터베이스 기능 사용하기

배점 1번(20), 2번 1)번(6), 2)번(3), 3)번(4), 4)번(4), 5)번(6), 6)번(7),
7)번(6), 8)번(6), 9)번(6), 10)번(6), 11)번(6), 3번(23), 4번(20), 5번(15)

※ 지하수이용 시트로 1번과 2번을 작성하시오.

1. 자동 필터를 이용하여 '2009년'의 순위가 하위 30%인 자료를 추출하고, 추출한 상태를 복사하여 A21셀부터 붙여 넣으시오.
(단, 추출 후 반드시 자동 필터 상태를 유지하시오.)

2. 차트를 작성하시오. (차트는 반드시 지정상태를 확인할 수 있어야 하고, 차트를 두 개 이상 작성하거나 그림, 외부개체로 입력되면 감점됨)

【차트형태】

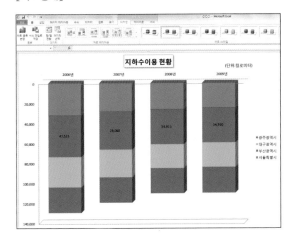

1) 붙여 넣은(A21셀부터) 자료 중 '차지율(%)'과 '비고'를 제외한 자료를 이용하여 차트를 작성
2) 차트 종류는 '3차원 누적 세로 막대형', 차트 스타일은 '스타일 2'로 지정
3) 작성한 차트 이동 위치는 '새 시트(S)'에 삽입
4) 작성한 차트가 있는 시트명은 '○○○(응시자 본인의 이름)'으로 입력
5) 차트 제목은 [차트 도구]-[디자인]메뉴 [차트 레이아웃] 그룹의 '레이아웃 1'로 '지하수이용 현황'으로 입력하고, 테두리 색은 '실선', 그림자는 미리 설정의 '바깥쪽, 오프셋 대각선 오른쪽 아래'를 지정
6) 기본 세로 축 옵션의 '값을 거꾸로'로 지정하고, 기본 가로 눈금선은 '없음'으로 지정
7) 3차원 회전 차트 배율의 깊이(%)는 '50'으로 지정
8) 3차원 회전의 회전은 X10°, Y10°로 지정
9) '부산광역시' 계열 데이터 레이블 값이 나타나도록 지정
10) 차트 영역의 **상단 오른쪽**에 [차트형태]와 같이 텍스트 상자를 이용하여 '(단위:킬로미터)'를 입력
11) [차트형태]와 같이 범례가 나타나도록 지정

【피벗 테이블 형태】

※ 데이터 시트의 A1~D17셀을 이용하여 3번을 작성하시오.

3. 표(A1~D17셀)를 이용하여 피벗 테이블을 작성하시오.
1) 아래 조건으로 피벗 테이블을 작성하시오.
– 피벗 테이블 보고서 작성 위치 : 새 워크시트
– 피벗 테이블 레이아웃
행 레이블 : 항목, Σ 값
Σ 값 : 2008년, 2009년 (함수:평균)
– 시트명은 '피벗'으로 입력

【부분합 형태】

※ 데이터 시트의 A19~E35셀을 이용하여 4번을 작성하시오.

4. 표(A19~E35셀)를 이용하여 부분합을 작성하시오. (부분합 결과는 열 너비를 조절하지 않아도 됨)

　　1) 아래 조건으로 부분합을 구하시오.
　　　　- 정렬 : 정렬 기준은 '항목', '내림차순'으로 지정
　　　　- 그룹화할 항목 : 항목
　　　　- 사용할 함수 : 평균
　　　　- 부분합 계산 항목 : 2007년, 2008년, 2009년

【텍스트 나누기 형태】

※ 데이터 시트의 J1~J17셀을 이용하여 5번을 작성하시오.

5. 표(J1~J17셀)를 이용하여 텍스트 나누기를 작성하시오.

　　1) 아래 조건으로 텍스트 나누기를 작성하시오.
　　　　- 원본 데이터 형식 : 너비가 일정함
　　　　- 열 구분선 : 3개를 지정하여 4열로 나눔
　　　　　(구분선 지정 위치 : 4, 8, 15)
　　　　- 열 데이터 서식 : 두 번째 열은 열 가져오지 않음(건너뜀) 지정

데이터 분석 기능 사용하기

배점 1번(15), 2번(15), 3번(2)

※ 목표값과 시나리오 시트로 1번과 2번을 작성하시오.

【목표값 형태】

1. 목표값 찾기를 이용하여 표(A1~E6셀)의 항목합계의 평균이 37,900,000이 되도록 농업용의 2009년 값을 구하시오.
    1) 아래 조건으로 목표값 찾기를 구하시오. (③부분이 변경되어야 함)
        – 수식 셀 : E6(항목합계 평균)
        – 찾는 값 : 37,900,000
        – 값을 바꿀 셀 : D4(농업용 2009년)

【시나리오 형태】

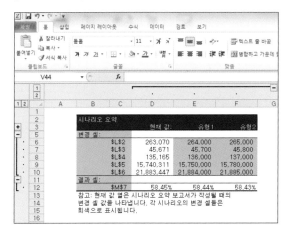

2. 표(H1~M7셀)를 이용하여 관정 차지율의 평균(M7)을 위한 시나리오를 작성하시오.
    1) 시나리오 이름 : 유형1, 유형2
    2) 변경 셀 : L2, L3, L4, L5, L6 셀

변경 셀	유형1 변경 값	유형2 변경 값
L2	264,000	265,000
L3	45,700	45,800
L4	136,000	137,000
L5	15,750,000	15,780,000
L6	21,884,000	21,885,000

    3) 보고서 종류 : 시나리오 요약

3. 시트의 순서는 반드시 아래와 같이 하시오. (반드시 지정된 시트만 있어야 함)
        ○○○ ⇨ 지하수이용 ⇨ 피벗 ⇨ 데이터 ⇨ 시나리오 요약 ⇨ 목표값과 시나리오

제3회 실전모의고사

답안 작성 시 주의사항

- 답안문서 파일명은 응시자의 이름으로 저장하십시오.
- 반드시 주어진 자료 및 엑셀의 기능들을 이용하여 [처리사항]대로 답안문서를 작성하십시오.
  ([보기]를 참고하고, 주어진 자료 외 다른 자료 이용 시 감점 처리됩니다.)
- 답안 작성에 필요한 시트 이외에 다른 시트에 내용을 입력한 경우 감점 또는 부정행위의 대상이 됩니다.
- 답안은 반드시 문제에서 지정한 셀에 입력해야 하며, 임의로 셀의 위치를 변경한 경우 감점요인이 됩니다.
- 문제에서 제시된 내용이 중복 작성된 경우 감점요인이 됩니다.
  (예를 들어, 차트가 두 개 이상인 경우)
- 문제에서 지시하지 않은 사항은 프로그램의 기본 설정 값으로 지정하십시오.

제공 데이터

- 주어진 자료를 이용하여 답안문서를 작성하시오.
  (첨부파일보기 클릭 시 자료 페이지 열림)

【보기】	【처리사항】

■ 데이터 입력과 수식 작성하기

배점 1번(5), 2번(7), 3번(45), 4번(45)

※ 농가소득 시트에 1번부터 4번까지 작성하시오.

1. F3셀에 '평균과 차', G3셀에 '비고', G2셀에 '(기준:2008년)'을 입력하시오. (G2셀은 가로 오른쪽 맞춤으로 지정)

2. A1셀에 제목을 '영농형태별 농가소득 현황'으로 입력하시오.
   1) A1~G1셀을 병합하고 가로 가운데 맞춤으로 지정
   2) 글꼴은 굴림체, 글꼴 크기는 15, 글꼴 스타일은 굵게 지정

3. [엑셀로 가공할 정보형태]의 ①(F4~F19셀) 부분의 평균과 차를 구하시오.
   1) 반드시 AVERAGE, ROUNDUP 함수를 모두 이용하여 구하시오.
   2) 반드시 아래 주어진 수식으로 구하고, 구한 값을 소수 둘째 자리에서 올림하여 소수 첫째 자리까지 나타내시오.
   ※ 평균과 차 = ('채소'의 '농가소득'부터 '농가경제잉여'까지의 평균 − '채소'의 각 구분의 값)

4. [엑셀로 가공할 정보형태]의 ②(G4~G19셀) 부분의 비고를 구하시오.
   1) 반드시 IF, OR, RANK.EQ, RIGHT, SUM 함수를 모두 이용하여 구하시오.

【엑셀로 가공한 정보형태】

2) 반드시 아래 주어진 조건에 따른 참과 거짓의 값으로 나타내시오.
 – 조건 : 각 구분의 오른쪽부터 두 자리 문자가 '수입'이거나 '지출'
 – 참 : '논벼'를 기준으로 각 구분의 내림차순 순위
 – 거짓 : 각 구분의 '논벼'부터 '화훼'까지의 합계

【엑셀로 가공한 정보형태】

▦ 서식 지정하기

배점 1번(2), 2번(3), 3번(2), 4번(3), 5번(6), 6번(3), 7번(9)

※ 농가소득 시트에 1번부터 7번까지 작성하시오.

1. 표(A3~G19셀) 안의 글꼴은 굴림체, 글꼴 크기는 10으로 지정하시오.

2. A3~A19셀, B3~G3셀은 가로 균등 분할 (들여쓰기) 맞춤으로 지정하고, G4~G19셀은 가로 가운데 맞춤으로 지정하시오.

3. A열의 열 너비는 15, B~E열의 열 너비는 9로 지정하시오.

4. A3~G3셀의 글꼴 스타일은 굵게로 지정하시오.

5. B4~C19셀의 수치는 숫자 표시형식을 이용하여 세 자리마다 콤마가 나타나고, 음수인 경우 빨강색으로 (1,234)로 나타나도록 지정하고, D4~E19셀의 수치는 사용자 지정 표시형식을 이용하여 세 자리마다 콤마가 나타나고, 10,000 이상인 경우 수치 앞에 빈 열 폭만큼 '*'이 나타나도록 지정하시오.

6. B4~C19셀의 수치는 조건부 서식을 이용하여 1,146 미만인 경우 글꼴 스타일이 굵게 나타나도록 지정하시오. (단, 수식을 이용하여 입력 시 감점)

7. 표(A3~G19셀) 윤곽선은 이중선, 표 안쪽 세로선은 실선, A3~G3셀의 아래선은 이중선이 나타나도록 작성하시오.

▦ 차트 작성과 데이터베이스 기능 사용하기

배점 1번(20), 2번 1)번(6), 2)번(3), 3)번(4), 4)번(4), 5)번(6), 6)번(7),
7)번(6), 8)번(6), 9)번(6), 10)번(6), 11)번(6), 3번(23), 4번(20), 5번(15)

※ 농가소득 시트로 1번과 2번을 작성하시오.

1. 자동 필터를 이용하여 '과수'의 백분율 값이 하위 30%인 자료를 추출하고, 추출한 상태를 복사하여 A21셀부터 붙여 넣으시오.
   (단, 추출 후 반드시 자동 필터 상태를 유지하시오.)

【차트형태】

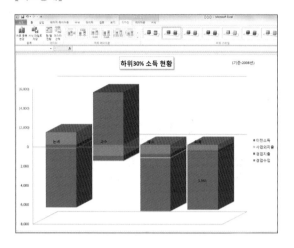

2. 차트를 작성하시오. (차트는 반드시 지정상태를 확인할 수 있어야 하고, 차트를 두 개 이상 작성하거나 그림, 외부개체로 입력되면 감점됨)
   1) 붙여 넣은(A21셀부터) 자료 중 '평균과 차'와 '비고'를 제외한 자료를 이용하여 차트를 작성
   2) 차트 종류는 '3차원 누적 세로 막대형', 차트 스타일은 '스타일 2'로 지정
   3) 작성한 차트 이동 위치는 '새 시트(S)'에 삽입
   4) 작성한 차트가 있는 시트명은 '○○○(응시자 본인의 이름)'으로 입력
   5) 차트 제목은 [차트 도구]-[디자인]메뉴 [차트 레이아웃] 그룹의 '레이아웃 1'로 '하위30% 소득 현황'으로 입력하고, 테두리 색은 '실선', 그림자는 미리 설정의 '바깥쪽, 오프셋 대각선 오른쪽 아래'를 지정
   6) 기본 세로 축 옵션의 '값을 거꾸로'로 지정하고, 기본 가로 눈금선은 '없음'으로 지정
   7) 3차원 회전 차트 배율의 깊이(%)는 '300'으로 지정
   8) 3차원 회전의 회전은 X10°, Y5°로 지정
   9) '이전소득' 계열 중 '화훼'의 데이터 레이블 값이 나타나도록 지정
   10) 차트 영역의 **상단 오른쪽**에 [차트형태]와 같이 텍스트 상자를 이용하여 '(기준:2008년)'을 입력
   11) [차트형태]와 같이 범례가 나타나도록 지정

【피벗 테이블 형태】

※ 데이터 시트의 A1~E17셀을 이용하여 3번을 작성하시오.

3. 표(A1~E17셀)를 이용하여 피벗 테이블을 작성하시오.
   1) 아래 조건으로 피벗 테이블을 작성하시오.
      - 피벗 테이블 보고서 작성 위치 : 새 워크시트
      - 피벗 테이블 레이아웃
        열 레이블 : 대분류
        행 레이블 : Σ 값
        Σ 값 : 농작물수입, 축산수입, 농업잡수입 (함수:평균)
      - 시트명은 '피벗'으로 입력

【부분합 형태】

※ 데이터 시트의 A19~E35셀을 이용하여 4번을 작성하시오.

4. 표(A19~E35셀)를 이용하여 부분합을 작성하시오. (부분합 결과 는 열 너비를 조절하지 않아도 됨)
　　1) 아래 조건으로 부분합을 구하시오.
　　　　- 정렬 : 정렬 기준은 '대분류', '오름차순'으로 지정
　　　　- 그룹화할 항목 : 대분류
　　　　- 사용할 함수 : 최대값
　　　　- 부분합 계산 항목 : 농가순소득, 농업소득, 농외소득

【텍스트 나누기 형태】

※ 데이터 시트의 J1~J17셀을 이용하여 5번을 작성하시오.

5. 표(J1~J17셀)를 이용하여 텍스트 나누기를 작성하시오.
　　1) 아래 조건으로 텍스트 나누기를 작성하시오.
　　　　- 원본 데이터 형식 : 너비가 일정함
　　　　- 열 구분선 : 3개를 지정하여 4열로 나눔
　　　　　(구분선 지정 위치 : 4, 12, 20)
　　　　- 열 데이터 서식 : 세 번째 열은 열 가져오지 않음(건너뜀) 지정

■ 데이터 분석 기능 사용하기

배점 1번(15), 2번(15), 3번(2)

※ 목표값과 시나리오 시트로 1번과 2번을 작성하시오.

【목표값 형태】

1. 목표값 찾기를 이용하여 표(A1~E6셀)의 순소득평균의 평균이 25,000이 되도록 2008년의 전업 값을 구하시오.
   1) 아래 조건으로 목표값 찾기를 구하시오. (③부분이 변경되어야 함)
      – 수식 셀 : E6(순소득평균 평균)
      – 찾는 값 : 25,000
      – 값을 바꿀 셀 : B5(2008년 전업)

【시나리오 형태】

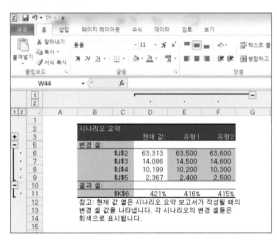

2. 표(H1~K6셀)를 이용하여 **전문/일반 평균(K6)**을 위한 시나리오를 작성하시오.
   1) 시나리오 이름 : 유형1, 유형2
   2) 변경 셀 : J2, J3, J4, J5 셀

변경 셀	유형1 변경 값	유형2 변경 값
J2	63,500	63,600
J3	14,500	14,600
J4	10,200	10,300
J5	2,400	2,500

   3) 보고서 종류 : 시나리오 요약

3. 시트의 순서는 반드시 아래와 같이 하시오. (반드시 지정된 시트만 있어야 함)
   ○○○ ⇨ 농가소득 ⇨ 피벗 ⇨ 데이터 ⇨ 시나리오 요약 ⇨ 목표값과 시나리오

제4회 실전모의고사

【보기】	【처리사항】

■ 데이터 입력과 수식 작성하기

배점 1번(5), 2번(7), 3번(45), 4번(45)

【엑셀로 가공한 정보형태】

※ 교통량 시트에 1번부터 4번까지 작성하시오.

1. F3셀에 '평균과 차', G3셀에 '비고', G2셀에 '(단위:천대)'를 입력하시오. (G2셀은 가로 오른쪽 맞춤으로 지정)

2. A1셀에 제목을 '노선별 교통량 현황'으로 입력하시오.
   1) A1~G1셀을 병합하고 가로 가운데 맞춤으로 지정
   2) 글꼴은 굴림체, 글꼴 크기는 15, 글꼴 스타일은 굵게 지정

3. [엑셀로 가공할 정보형태]의 ①(F4~F19셀) 부분의 평균과 차를 구하시오.
   1) 반드시 AVERAGE, ROUNDUP 함수를 모두 이용하여 구하시오.
   2) 반드시 아래 주어진 수식으로 구하고, 구한 값을 소수 둘째 자리에서 올림하여 소수 첫째 자리까지 나타내시오.
   ※ 평균과 차 = (각 노선의 '2008년'의 값 − 각 노선의 '2005년'부터 '2008년'까지의 평균)

4. [엑셀로 가공할 정보형태]의 ②(G4~G19셀) 부분의 비고를 구하시오.
   1) 반드시 AVERAGE, FIND, IF, ISERR, AND, RANK.EQ 함수를 모두 이용하여 구하시오.

2) 반드시 아래 주어진 조건에 따른 참과 거짓의 값으로 나타내시오.
　　– 조건 : 각 노선의 문자열에 '해'와 '남'을 포함하지 않는 경우
　　– 참 : '2008년'을 기준으로 각 노선의 내림차순 순위
　　– 거짓 : 각 노선의 '2005년'부터 '2008년'까지의 평균

■ 서식 지정하기

배점 1번(2), 2번(3), 3번(2), 4번(3), 5번(6), 6번(3), 7번(9)

※ 교통량 시트에 1번부터 7번까지 작성하시오.

1. 표(A3~G19셀) 안의 글꼴은 굴림체, 글꼴 크기는 10으로 지정하시오.

2. A3~A19셀은 가로 균등 분할 (들여쓰기) 맞춤으로 지정하고, B3~G3셀, G4~G19셀은 가운데 맞춤으로 지정하시오.

3. A열의 열 너비는 12, B~E열의 열 너비는 10으로 지정하시오.

4. A3~G3셀의 글꼴 스타일은 굵게로 지정하시오.

5. B4~C19셀의 수치는 숫자 표시형식을 이용하여 세 자리마다 콤마가 나타나고, 음수인 경우 빨강색으로 (1,234)로 나타나도록 지정하고, D4~E19셀의 수치는 사용자 지정 표시형식을 이용하여 세 자리마다 콤마가 나타나고, 120,089 이상인 경우 수치 앞에 빈 열 폭만큼 '*'이 나타나도록 지정하시오.

6. C4~C19셀의 수치는 조건부 서식을 이용하여 43,745 미만인 경우 글꼴 스타일이 굵게 나타나도록 지정하시오. (단, 수식을 이용하여 입력 시 감점)

7. 표(A3~G19셀) 윤곽선은 가장 굵은 선, 표 안쪽 세로선은 실선, A3~G3셀의 아래선은 가장 굵은 선이 나타나도록 작성하시오.

【엑셀로 가공한 정보형태】

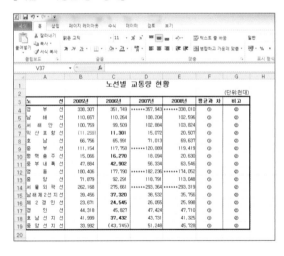

【차트형태】

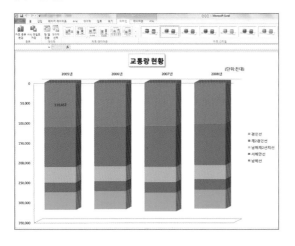

차트 작성과 데이터베이스 기능 사용하기

배점 1번(20), 2번 1)번(6), 2)번(3), 3)번(4), 4)번(4), 5)번(6), 6)번(7), 7)번(6), 8)번(6), 9)번(6), 10)번(6), 11)번(6), 3번(23), 4번(20), 5번(15)

※ 교통량 시트로 1번과 2번을 작성하시오..

1. 자동 필터를 이용하여 '노선'의 문자열에 '해' 또는 '인'을 포함하는 자료를 추출하고, 추출한 상태를 복사하여 A21셀부터 붙여 넣으시오. (단, 추출 후 반드시 자동 필터 상태를 유지하시오.)

2. 차트를 작성하시오. (차트는 반드시 지정상태를 확인할 수 있어야 하고, 차트를 두 개 이상 작성하거나 그림, 외부개체로 입력되면 감점됨)
   1) 붙여 넣은(A21셀부터) 자료 중 '평균과 차'와 '비고'를 제외한 자료를 이용하여 차트를 작성
   2) 차트 종류는 '3차원 누적 세로 막대형', 차트 스타일은 '스타일 2'로 지정
   3) 작성한 차트 이동 위치는 '새 시트(S)'에 삽입
   4) 작성한 차트가 있는 시트명은 '○○○(응시자 본인의 이름)'으로 입력
   5) 차트 제목은 [차트 도구]-[디자인]메뉴 [차트 레이아웃] 그룹의 '레이아웃 1'로 '교통량 현황'으로 입력하고, 테두리 색은 '실선', 그림자는 미리 설정의 '바깥쪽, 오프셋 대각선 오른쪽 아래'를 지정
   6) 기본 세로 축 옵션의 '값을 거꾸로'로 지정하고, 기본 가로 눈금선은 '없음'으로 지정
   7) 데이터 계열 서식의 계열 옵션-간격 너비를 60%로 지정
   8) 3차원 회전의 회전은 X10°, Y5°로 지정
   9) '남해선' 계열 중 '2005년'의 데이터 레이블 값이 나타나도록 지정
   10) 차트 영역의 상단 오른쪽에 [차트형태]와 같이 텍스트 상자를 이용하여 '(단위:천대)'를 입력
   11) [차트형태]와 같이 범례가 나타나도록 지정

【피벗 테이블 형태】

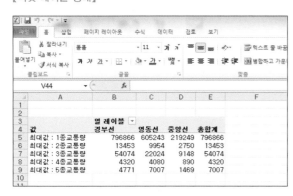

※ 데이터 시트의 A1~G17셀을 이용하여 3번을 작성하시오.

3. 표(A1~G17셀)를 이용하여 피벗 테이블을 작성하시오.
   1) 아래 조건으로 피벗 테이블을 작성하시오.
      - 피벗 테이블 보고서 작성 위치 : 새 워크시트
      - 피벗 테이블 레이아웃
        열 레이블 : 노선
        행 레이블 : Σ 값
        Σ 값 : 1종교통량, 2종교통량, 3종교통량, 4종교통량, 5종교통량 (함수:최대값)
      - 시트명은 '피벗'으로 입력

【부분합 형태】

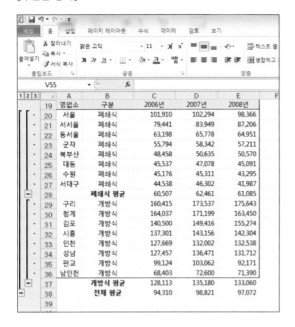

【텍스트 나누기 형태】

※ 데이터 시트의 A19~E35셀을 이용하여 4번을 작성하시오.

4. 표(A19~E35셀)를 이용하여 부분합을 작성하시오. (부분합 결과는 열 너비를 조절하지 않아도 됨)
   1) 아래 조건으로 부분합을 구하시오.
      - 정렬 : 정렬 기준은 '구분', '내림차순'으로 지정
      - 그룹화할 항목 : 구분
      - 사용할 함수 : 평균
      - 부분합 계산 항목 : 2006년, 2007년, 2008년

※ 데이터 시트의 J1~J17셀을 이용하여 5번을 작성하시오.

5. 표(J1~J17셀)를 이용하여 텍스트 나누기를 작성하시오.
   1) 아래 조건으로 텍스트 나누기를 작성하시오.
      - 원본 데이터 형식 : 너비가 일정함
      - 열 구분선 : 4개를 지정하여 5열로 나눔
        (구분선 지정 위치 : 4, 6, 12, 21)
      - 열 데이터 서식 : 두 번째 열은 열 가져오지 않음(건너뜀) 지정

데이터 분석 기능 사용하기

배점 1번(15), 2번(15), 3번(2)

※ 목표값과 시나리오 시트로 1번과 2번을 작성하시오.

1. 목표값 찾기를 이용하여 표(A1~D6셀)의 평균통행료의 합계가 1,290,000이 되도록 중앙선의 2008년 통행료 값을 구하시오.

   1) 아래 조건으로 목표값 찾기를 구하시오. (③부분이 변경되어야 함)
      - 수식 셀 : D6(평균통행료 합계)
      - 찾는 값 : 1,290,000
      - 값을 바꿀 셀 : C4(중앙선 2008년 통행료)

【목표값 형태】

2. 표(H1~L6셀)를 이용하여 **평균교통량의 합계(L6)**를 위한 시나리오를 작성하시오.

   1) 시나리오 이름 : 가형, 나형
   2) 변경 셀 : K2, K3, K4, K5 셀

변경 셀	가형 변경 값	나형 변경 값
K2	340,000	345,000
K3	175,000	176,000
K4	114,000	115,000
K5	42,000	43,000

   3) 보고서 종류 : 시나리오 요약

3. 시트의 순서는 반드시 아래와 같이 하시오. (반드시 지정된 시트만 있어야 함)

   ○○○ ⇨ 교통량 ⇨ 피벗 ⇨ 데이터 ⇨ 시나리오 요약
   ⇨ 목표값과 시나리오

【시나리오 형태】

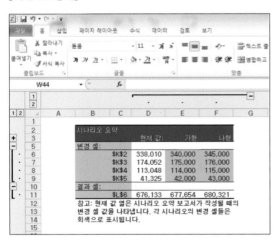

제5회 실전모의고사

- 답안문서 파일명은 응시자의 이름으로 저장하십시오.
- 반드시 주어진 자료 및 엑셀의 기능들을 이용하여 [처리사항]대로 답안문서를 작성하십시오.
  ([보기]를 참고하고, 주어진 자료 외 다른 자료 이용 시 감점 처리됩니다.)
- 답안 작성에 필요한 시트 이외에 다른 시트에 내용을 입력한 경우 감점 또는 부정행위의 대상이 됩니다.
- 답안은 반드시 문제에서 지정한 셀에 입력해야 하며, 임의로 셀의 위치를 변경한 경우 감점요인이 됩니다.
- 문제에서 제시된 내용이 중복 작성된 경우 감점요인이 됩니다.
  (예를 들어, 차트가 두 개 이상인 경우)
- 문제에서 지시하지 않은 사항은 프로그램의 기본 설정 값으로 지정하십시오.

※ 제공 데이터

- 주어진 자료를 이용하여 답안문서를 작성하시오.
  (첨부파일보기 클릭 시 자료 페이지 열림)

【보기】	【처리사항】

■ 데이터 입력과 수식 작성하기

배점 1번(5), 2번(7), 3번(45), 4번(45)

【엑셀로 가공한 정보형태】

※ 신문판매량 시트에 1번부터 4번까지 작성하시오.

1. F3셀에 '평균과 차', G3셀에 '비고', G2셀에 '(단위:만부)'를 입력하시오. (G2셀은 가로 오른쪽 맞춤으로 지정)

2. A1셀에 제목을 '연도별 신문판매량'으로 입력하시오.
   1) A1~G1셀을 병합하고 가로 가운데 맞춤으로 지정
   2) 글꼴은 돋움체, 글꼴 크기는 24, 글꼴 스타일은 굵게 지정

3. [엑셀로 가공할 정보형태]의 ①(F4~F19셀) 부분의 평균과 차를 구하시오.
   1) 반드시 AVERAGE, ROUNDUP 함수를 모두 이용하여 구하시오.
   2) 반드시 아래 주어진 수식으로 구하고, 구한 값을 소수 둘째 자리에서 올림하여 소수 첫째 자리까지 나타내시오.
   ※ 평균과 차 = ('경향신문'의 '1992년'부터 '2007년'까지의 평균 − '경향신문'의 각 연도의 값)

4. [엑셀로 가공할 정보형태]의 ②(G4~G19셀) 부분의 비고를 구하시오.
   1) 반드시 AVERAGE, IF, LEFT, MOD, OR, RANK.EQ 함수를 모두 이용하여 구하시오.

2) 반드시 아래 주어진 조건에 따른 참과 거짓의 값으로 나타내시오.
- 조건 : 각 연도의 왼쪽부터 4자리 수치가 3의 배수이거나 5의 배수
- 참 : '국민일보'를 기준으로 각 연도의 내림차순 순위
- 거짓 : 각 연도의 '매일경제'부터 '조선일보'까지의 평균

■ 서식 지정하기

배점 1번(2), 2번(3), 3번(2), 4번(3), 5번(6), 6번(3), 7번(9)

※ 신문판매량 시트에 1번부터 7번까지 작성하시오.

1. 표(A3~G19셀) 안의 글꼴은 궁서체, 글꼴 크기는 12로 지정하시오.

2. A3~G3셀은 가로 균등 분할 (들여쓰기) 맞춤으로 지정하고, A4~A19셀, G4~G19셀은 가로 가운데 맞춤으로 지정하시오.

3. A열의 열 너비는 8, B~E열의 열 너비는 9로 지정하시오.

4. A3~G3셀의 글꼴 스타일은 굵게로 지정하시오.

5. B4~C19셀의 수치는 사용자 지정 표시형식을 이용하여 소수 첫째 자리까지 나타나고, 100 초과인 경우 수치 앞에 빈 열 폭만큼 '*'이 나타나도록 지정하고, D4~E19셀의 수치는 숫자 표시형식을 이용하여 소수 첫째 자리까지 나타나고, 음수인 경우 빨강색으로 (1234.0)으로 나타나도록 지정하시오.

6. D4~E19셀의 수치는 조건부 서식을 이용하여 200 이상인 경우 글꼴 스타일이 굵게 나타나도록 지정하시오. (단, 수식을 이용하여 입력 시 감점)

7. 표(A3~G19셀) 윤곽선은 가장 굵은 선, 표 안쪽 세로선은 이중선, A3~G3셀의 아래선은 가장 굵은 선이 나타나도록 작성하시오.

【엑셀로 가공한 정보형태】

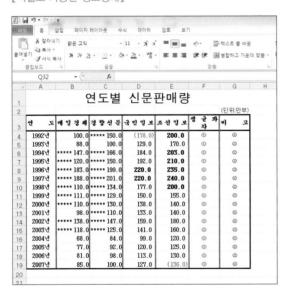

■ 차트 작성과 데이터베이스 기능 사용하기

배점 1번(20), 2번 1)번(6), 2)번(3), 3)번(4), 4)번(4), 5)번(6), 6)번(7),
7)번(6), 8)번(6), 9)번(6), 10)번(6), 11)번(6), 3번(23), 4번(20), 5번(15)

※ 신문판매량 시트로 1번과 2번을 작성하시오.

1. 자동 필터를 이용하여 '매일경제'의 값이 100 미만인 자료를 추출하고, 추출한 상태를 복사하여 A21셀부터 붙여 넣으시오. (단, 추출 후 반드시 자동 필터 상태를 유지하시오.)

【차트형태】

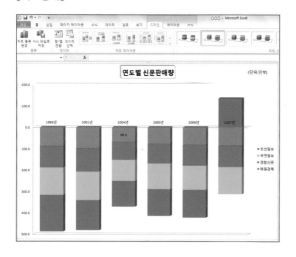

2. 차트를 작성하시오. (차트는 반드시 지정상태를 확인할 수 있어야 하고, 차트를 두 개 이상 작성하거나 그림, 외부개체로 입력되면 감점됨)
   1) 붙여 넣은(A21셀부터) 자료 중 '평균과 차'와 '비고'를 제외한 자료를 이용하여 차트를 작성
   2) 차트 종류는 '3차원 누적 세로 막대형', 차트 스타일은 '스타일 2'로 지정
   3) 작성한 차트 이동 위치는 '새 시트(S)'에 삽입
   4) 작성한 차트가 있는 시트명은 '○○○(응시자 본인의 이름)'으로 입력
   5) 차트 제목은 [차트 도구]-[디자인]메뉴 [차트 레이아웃] 그룹의 '레이아웃 1'로 '연도별 신문판매량'으로 입력하고, 테두리 색은 '실선', 그림자는 미리 설정의 '바깥쪽, 오프셋 대각선 왼쪽 위'를 지정
   6) 기본 세로 축 옵션의 '값을 거꾸로'로 지정하고, 기본 가로 눈금선은 '없음'으로 지정
   7) 3차원 회전 차트 배율의 깊이(%)는 '50'으로 지정
   8) 3차원 회전의 회전은 X10°, Y5°로 지정
   9) '매일경제' 계열 중 '2004년'의 데이터 레이블 값이 나타나도록 지정
   10) 차트 영역의 **상단 오른쪽**에 [**차트형태**]와 같이 텍스트 상자를 이용하여 '(단위:만부)'를 입력
   11) [**차트형태**]와 같이 범례가 나타나도록 지정

【피벗 테이블 형태】

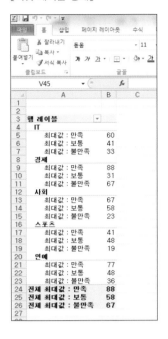

※ 데이터 시트의 A1~E17셀을 이용하여 3번을 작성하시오.

3. 표(A1~E17셀)를 이용하여 피벗 테이블을 작성하시오.
   1) 아래 조건으로 피벗 테이블을 작성하시오.
      - 피벗 테이블 보고서 작성 위치 : 새 워크시트
      - 피벗 테이블 레이아웃
        행 레이블 : 구분, Σ 값
        Σ 값 : 만족, 보통, 불만족 (함수:최대값)
      - 시트명은 '피벗'으로 입력

【부분합 형태】

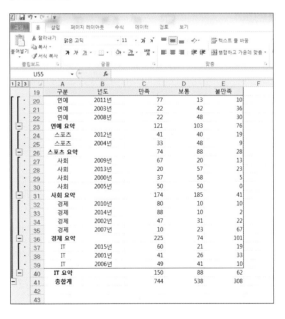

※ 데이터 시트의 A19~E35셀을 이용하여 4번을 작성하시오.

4. 표(A19~E35셀)를 이용하여 부분합을 작성하시오. (부분합 결과는 열 너비를 조절하지 않아도 됨)
   1) 아래 조건으로 부분합을 구하시오.
      - 정렬 : 정렬 기준은 '구분', '내림차순'으로 지정
      - 그룹화할 항목 : 구분
      - 사용할 함수 : 합계
      - 부분합 계산 항목 : 만족, 보통, 불만족

【텍스트 나누기 형태】

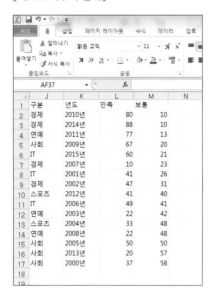

【목표값 형태】

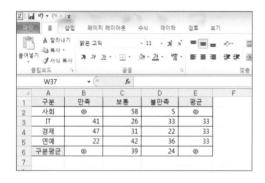

【시나리오 형태】

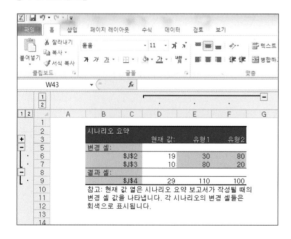

※ 데이터 시트의 J1~J17셀을 이용하여 5번을 작성하시오.

5. 표(J1~J17셀)를 이용하여 텍스트 나누기를 작성하시오.
   1) 아래 조건으로 텍스트 나누기를 작성하시오.
      - 원본 데이터 형식 : 너비가 일정함
      - 열 구분선 : 4개를 지정하여 5열로 나눔
        (구분선 지정 위치 : 6, 12, 16, 20)
      - 열 데이터 서식 : 다섯 번째 열은 열 가져오지 않음(건너뜀)
        지정

■ 데이터 분석 기능 사용하기

배점 1번(15), 2번(15), 3번(2)

※ 목표값과 시나리오 시트로 1번과 2번을 작성하시오.

1. 목표값 찾기를 이용하여 표(A1~E6셀)의 구분평균의 평균이 100
   이 되도록 사회의 만족 값을 구하시오.
   1) 아래 조건으로 목표값 찾기를 구하시오. (③부분이 변경되어야 함)
      - 수식 셀 : E6(구분평균 평균)
      - 찾는 값 : 100
      - 값을 바꿀 셀 : B2(사회 만족)

2. 표(H1~J4셀)를 이용하여 불만족의 합계(J4)를 위한 시나리오를
   작성하시오.
   1) 시나리오 이름 : 유형1, 유형2
   2) 변경 셀 : J2, J3 셀

변경 셀	유형1 변경 값	유형2 변경 값
J2	30	80
J3	80	20

   3) 보고서 종류 : 시나리오 요약

3. 시트의 순서는 반드시 아래와 같이 하시오. (반드시 지정된 시트
   만 있어야 함)
      ○○○ ⇨ 신문판매량 ⇨ 피벗 ⇨ 데이터 ⇨ 시나리오 요약
      ⇨ 목표값과 시나리오

제6회 실전모의고사

※ 답안 작성 시 주의사항

- 답안문서 파일명은 응시자의 이름으로 저장하십시오.
- 반드시 주어진 자료 및 엑셀의 기능들을 이용하여 [처리사항]대로 답안문서를 작성하십시오.
  ([보기]를 참고하고, 주어진 자료 외 다른 자료 이용 시 감점 처리됩니다.)
- 답안 작성에 필요한 시트 이외에 다른 시트에 내용을 입력한 경우 감점 또는 부정행위의 대상이 됩니다.
- 답안은 반드시 문제에서 지정한 셀에 입력해야 하며, 임의로 셀의 위치를 변경한 경우 감점요인이 됩니다.
- 문제에서 제시된 내용이 중복 작성된 경우 감점요인이 됩니다.
  (예를 들어, 차트가 두 개 이상인 경우)
- 문제에서 지시하지 않은 사항은 프로그램의 기본 설정 값으로 지정하십시오.

※ 제공 데이터

- 주어진 자료를 이용하여 답안문서를 작성하시오.
  (첨부파일보기 클릭 시 자료 페이지 열림)

【보기】

【엑셀로 가공한 정보형태】

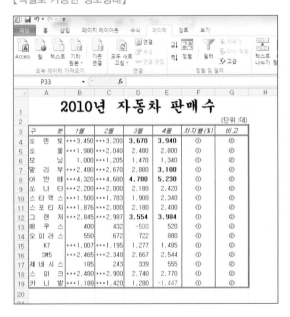

【처리사항】

■ 데이터 입력과 수식 작성하기

배점 1번(5), 2번(7), 3번(45), 4번(45)

※ 차 판매량 시트에 1번부터 4번까지 작성하시오.

1. F3셀에 '차지율(%)', G3셀에 '비고', G2셀에 '(단위:대)'를 입력하시오. (G2셀은 가로 오른쪽 맞춤으로 지정)

2. A1셀에 제목을 '2010년 자동차 판매수'로 입력하시오.
   1) A1~G1셀을 병합하고 가로 가운데 맞춤으로 지정
   2) 글꼴은 궁서체, 글꼴 크기는 26, 글꼴 스타일은 굵게 지정

3. [엑셀로 가공할 정보형태]의 ①(F4~F19셀) 부분의 차지율(%)을 구하시오.
   1) 반드시 SUM, ROUNDUP 함수를 모두 이용하여 구하시오.
   2) 반드시 아래 주어진 수식으로 구하고, 구한 값을 소수 셋째 자리에서 올림하여 소수 둘째 자리까지 나타내시오.
   ※ 차지율(%) = ('4월'의 각 구분의 값 / '4월'의 '쏘렌토'부터 '카니발'까지의 합계*100)

4. [엑셀로 가공할 정보형태]의 ②(G4~G19셀) 부분의 비고를 구하시오.
   1) 반드시 FIND, IF, ISERR, RANK.EQ, OR, AVERAGE 함수를 모두 이용하여 구하시오.

2) 반드시 아래 주어진 조건에 따른 참과 거짓의 값으로 나타
내시오.
- 조건 : 각 구분의 문자열에 '쏘'나 '스'를 포함하지 않는 경우
- 참 : '2월'을 기준으로 각 구분의 내림차순 순위
- 거짓 : 각 구분의 '1월'부터 '4월'까지의 평균

■ 서식 지정하기

배점 1번(2), 2번(3), 3번(2), 4번(3), 5번(6), 6번(3), 7번(9)

※ 차 판매량 시트에 1번부터 7번까지 작성하시오.

1. 표(A3~G19셀) 안의 글꼴은 굴림체, 글꼴 크기는 11로 지정하
시오.

2. A3~A19셀은 가로 균등 분할 (들여쓰기) 맞춤으로 지정하고,
B3~G3셀, G4~G19셀은 가로 가운데 맞춤으로 지정하시오.

3. A열의 열 너비는 9, B~E열의 열 너비는 7로 지정하시오.

4. A3~G3셀의 글꼴 스타일은 기울임꼴로 지정하시오.

5. B4~C19셀의 수치는 사용자 지정 표시형식을 이용하여 세 자
리마다 콤마가 나타나고, 1,000 초과인 경우 수치 앞에 빈 열
폭만큼 '*'이 나타나도록 지정하고, D4~E19셀의 수치는 숫
자 표시형식을 이용하여 세 자리마다 콤마가 나타나고, 음수
인 경우 빨강색으로 −1,234로 나타나도록 지정하시오.

6. D4~E19셀의 수치는 조건부 서식을 이용하여 3,000 이상인
인 경우 글꼴 스타일이 굵게 나타나도록 지정하시오. (단, 수
식을 이용하여 입력 시 감점)

7. 표(A3~G19셀) 윤곽선은 이중선, 표 안쪽 세로선은 실선,
A3~G3셀의 아래선은 이중선이 나타나도록 작성하시오.

【엑셀로 가공한 정보형태】

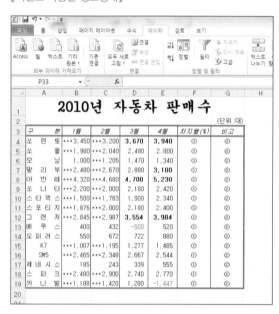

■ 차트 작성과 데이터베이스 기능 사용하기

배점 1번(20), 2번 1)번(6), 2)번(3), 3)번(4), 4)번(4), 5)번(6), 6)번(7),
7)번(6), 8)번(6), 9)번(6), 10)번(6), 11)번(6), 3번(23), 4번(20), 5번(15)

※ 차 판매량 시트로 1번과 2번을 작성하시오.

【차트형태】

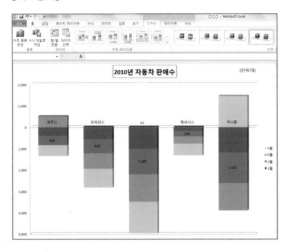

1. 자동 필터를 이용하여 '3월'의 값이 하위 5위인 자료를 추출하고,
   추출한 상태를 복사하여 A21셀부터 붙으시오. (단, 추출 후
   반드시 자동 필터 상태를 유지하시오.)

2. 차트를 작성하시오. (차트는 반드시 지정상태를 확인할 수 있어
   야 하고, 차트를 두 개 이상 작성하거나 그림, 외부개체로 입력되
   면 감점됨)
   1) 붙여 넣은(A21셀부터) 자료 중 '차지율(%)'와 '비고'를 제외한 자
      료를 이용하여 차트를 작성
   2) 차트 종류는 '3차원 누적 세로 막대형', 차트 스타일은 '스타일 4'
      로 지정
   3) 작성한 차트 이동 위치는 '새 시트(S)'에 삽입
   4) 작성한 차트가 있는 시트명은 '○○○(응시자 본인의 이름)'으로
      입력
   5) 차트 제목은 [차트 도구]-[디자인]메뉴 [차트 레이아웃] 그룹의
      '레이아웃 1'로 '2010년 자동차 판매수'로 입력하고, 테두리 색은
      '실선', 그림자는 미리 설정의 '바깥쪽, 오프셋 가운데'를 지정
   6) 기본 세로 축 옵션의 '값을 거꾸로'로 지정하고, 기본 가로 눈금
      선은 '없음'으로 지정
   7) 3차원 회전 차트 배율의 깊이(%)는 '50'으로 지정
   8) 3차원 회전의 회전은 X5°, Y5°로 지정
   9) '2월' 계열 데이터 레이블 값이 나타나도록 지정
   10) 차트 영역의 상단 오른쪽에 [차트형태]와 같이 텍스트 상자를
      이용하여 '(단위:대)'를 입력
   11) [차트형태]와 같이 범례가 나타나도록 지정

【피벗 테이블 형태】

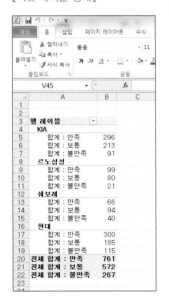

※ 데이터 시트의 A1~E17셀을 이용하여 3번을 작성하시오.

3. 표(A1~E17셀)를 이용하여 피벗 테이블을 작성하시오.
   1) 아래 조건으로 피벗 테이블을 작성하시오.
      – 피벗 테이블 보고서 작성 위치 : 새 워크시트
      – 피벗 테이블 레이아웃
        행 레이블 : 구분, Σ 값
        Σ 값 : 만족, 보통, 불만족 (함수:합계)
      – 시트명은 '피벗'으로 입력

【부분합 형태】

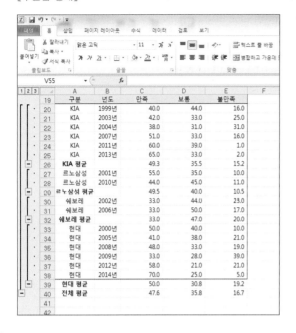

4. 표(A19~E35셀)를 이용하여 부분합을 작성하시오. (부분합 결과는 열 너비를 조절하지 않아도 됨)
   1) 아래 조건으로 부분합을 구하시오.
      – 정렬 : 정렬 기준은 '구분', '오름차순'으로 지정
      – 그룹화할 항목 : 구분
      – 사용할 함수 : 평균
      – 부분합 계산 항목 : 만족, 보통, 불만족

【텍스트 나누기 형태】

5. 표(J1~J17셀)를 이용하여 텍스트 나누기를 작성하시오.
   1) 아래 조건으로 텍스트 나누기를 작성하시오.
      – 원본 데이터 형식 : 너비가 일정함
      – 열 구분선 : 5개를 지정하여 6열로 나눔
        (구분선 지정 위치 : 8, 12, 14, 18, 22)
      – 열 데이터 서식 : 세 번째 열은 열 가져오지 않음(건너뜀) 지정

데이터 분석 기능 사용하기

배점 1번(15), 2번(15), 3번(2)

【목표값 형태】

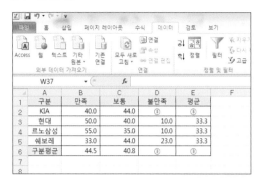

※ 목표값과 시나리오 시트로 1번과 2번을 작성하시오.

1. 목표값 찾기를 이용하여 표(A1~E6셀)의 구분평균의 평균이 50.3
   이 되도록 KIA의 불만족 값을 구하시오.
   1) 아래 조건으로 목표값 찾기를 구하시오. (③부분이 변경되어야 함)
      - 수식 셀 : E6(구분평균 평균)
      - 찾는 값 : 50.3
      - 값을 바꿀 셀 : D2(KIA 불만족)

【시나리오 형태】

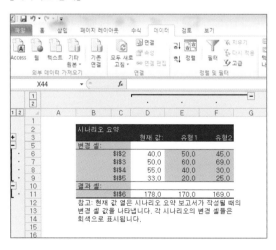

2. 표(H1~J6셀)를 이용하여 **만족의 합계(I6)**를 위한 시나리오를 작
   성하시오.
   1) 시나리오 이름 : 유형1, 유형2
   2) 변경 셀 : I2, I3, I4, I5 셀

변경 셀	유형1 변경 값	유형2 변경 값
I2	50.0	45.0
I3	60.0	69.0
I4	40.0	30.0
I5	20.0	25.0

   3) 보고서 종류 : 시나리오 요약

3. 시트의 순서는 반드시 아래와 같이 하시오. (반드시 지정된 시트
   만 있어야 함)
      ○○○ ⇨ 차 판매량 ⇨ 피벗 ⇨ 데이터 ⇨ 시나리오 요약
      ⇨ 목표값과 시나리오

제7회 실전모의고사

※ 답안 작성 시 주의사항

- 답안문서 파일명은 응시자의 이름으로 저장하십시오.
- 반드시 주어진 자료 및 엑셀의 기능들을 이용하여 [처리사항]대로 답안문서를 작성하십시오.

  ([보기]를 참고하고, 주어진 자료 외 다른 자료 이용 시 감점 처리됩니다.)
- 답안 작성에 필요한 시트 이외에 다른 시트에 내용을 입력한 경우 감점 또는 부정행위의 대상이 됩니다.
- 답안은 반드시 문제에서 지정한 셀에 입력해야 하며, 임의로 셀의 위치를 변경한 경우 감점요인이 됩니다.
- 문제에서 제시된 내용이 중복 작성된 경우 감점요인이 됩니다.

  (예를 들어, 차트가 두 개 이상인 경우)
- 문제에서 지시하지 않은 사항은 프로그램의 기본 설정 값으로 지정하십시오.

※ 제공 데이터

- 주어진 자료를 이용하여 답안문서를 작성하시오.

  (첨부파일보기 클릭 시 자료 페이지 열림)

【보기】	【처리사항】

■ 데이터 입력과 수식 작성하기

배점 1번(5), 2번(7), 3번(45), 4번(45)

※ 주식 시트에 1번부터 4번까지 작성하시오.

1. F3셀에 '평균과 차', G3셀에 '비고', G2셀에 '(단위:백만)'을 입력하시오. (G2셀은 가로 오른쪽 맞춤으로 지정)

2. A1셀에 제목을 '주식별 종가 현황'으로 입력하시오.
   1) A1~G1셀을 병합하고 가로 가운데 맞춤으로 지정
   2) 글꼴은 바탕체, 글꼴 크기는 24, 글꼴 스타일은 굵게 지정

3. [엑셀로 가공할 정보형태]의 ①(F4~F19셀) 부분의 평균과 차를 구하시오.
   1) 반드시 AVERAGE, ROUNDUP 함수를 모두 이용하여 구하시오.
   2) 반드시 아래 주어진 수식으로 구하고, 구한 값을 소수 둘째 자리에서 올림하여 소수 첫째 자리까지 나타내시오.
   ※ 평균과 차 = ('시가총액'의 'CS홀딩스'부터 '컴투스'까지의 평균 − '시가총액'의 각 종목명 값)

4. [엑셀로 가공할 정보형태]의 ②(G4~G19셀) 부분의 비고를 구하시오.
   1) 반드시 CHOOSE, LEN, MAX, MIN, SUM 함수를 모두 이용하여 구하시오.

【엑셀로 가공한 정보형태】

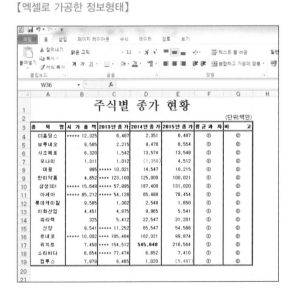

2) 비고는 종목명의 글자 수에 따라 값을 구하시오.

- 3인 경우 각 종목명의 ‘2013년종가’부터 ‘2015년종가’까지의 최대값
- 4인 경우 각 종목명의 ‘2013년종가’부터 ‘2015년종가’까지의 최소값
- 5인 경우 각 종목명의 ‘2013년종가’부터 ‘2015년종가’까지의 합계

【엑셀로 가공한 정보형태】

■ 서식 지정하기

배점 1번(2), 2번(3), 3번(2), 4번(3), 5번(6), 6번(3), 7번(9)

※ 주식 시트에 1번부터 7번까지 작성하시오.

1. 표(A3~G19셀) 안의 글꼴은 돋움체, 글꼴 크기는 10으로 지정하시오.

2. A3~G3셀은 가로 균등 분할 (들여쓰기) 맞춤으로 지정하고, A4~A19셀은 가로 가운데 맞춤으로 지정하시오.

3. A열의 열 너비는 10, B~E열의 열 너비는 9로 지정하시오.

4. A3~G3셀의 글꼴 스타일은 굵게로 지정하시오.

5. B4~C19셀의 수치는 사용자 지정 표시형식을 이용하여 세 자리마다 콤마가 나타나고, 10,000 이상인 경우 수치 앞에 빈 열 폭만큼 ‘*’이 나타나도록 지정하고, D4~E19셀의 수치는 숫자 표시형식을 이용하여 세 자리마다 콤마가 나타나고, 음수인 경우 빨강색으로 (1,234)로 나타나도록 지정하시오.

6. D4~E19셀의 수치는 조건부 서식을 이용하여 500,000 초과인 경우 글꼴 스타일이 굵게 나타나도록 지정하시오. (단, 수식을 이용하여 입력 시 감점)

7. 표(A3~G19셀) 윤곽선은 이중선, 표 안쪽 세로선은 굵은 선, A3~G3셀의 아래선은 이중선이 나타나도록 작성하시오.

■ 차트 작성과 데이터베이스 기능 사용하기

배점 1번(20), 2번 1)번(6), 2)번(3), 3)번(4), 4)번(4), 5)번(6), 6)번(7),
7)번(6), 8)번(6), 9)번(6), 10)번(6), 11)번(6), 3번(23), 4번(20), 5번(15)

【차트형태】

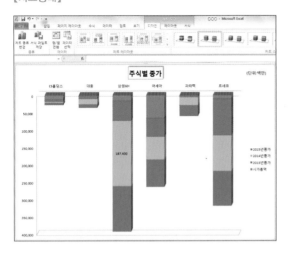

※ 주식 시트로 1번과 2번을 작성하시오.

1. 자동 필터를 이용하여 '시가총액'의 값이 1,000 이하이거나 10,000 이상인 자료를 추출하고, 추출한 상태를 복사하여 A21셀부터 붙여 넣으시오. (단, 추출 후 반드시 자동 필터 상태를 유지하시오.)

2. 차트를 작성하시오. (차트는 반드시 지정상태를 확인할 수 있어야 하고, 차트를 두 개 이상 작성하거나 그림, 외부개체로 입력되면 감점됨)
   1) 붙여 넣은(A21셀부터) 자료 중 '평균과 차'와 '비고'를 제외한 자료를 이용하여 차트를 작성
   2) 차트 종류는 '3차원 누적 세로 막대형', 차트 스타일은 '스타일 2'로 지정
   3) 작성한 차트 이동 위치는 '새 시트(S)'에 삽입
   4) 작성한 차트가 있는 시트명은 '○○○(응시자 본인의 이름)'으로 입력
   5) 차트 제목은 [차트 도구]-[디자인]메뉴 [차트 레이아웃] 그룹의 '레이아웃 1'로 '주식별 종가'로 입력하고, 테두리 색은 '실선', 그림자는 미리 설정의 '바깥쪽, 오프셋 대각선 오른쪽 위'를 지정
   6) 기본 세로 축 옵션의 '값을 거꾸로'로 지정하고, 기본 가로 눈금선은 '없음'으로 지정
   7) 데이터 계열 서식의 계열옵션 – 간격 너비를 80%로 지정
   8) 3차원 회전의 회전은 X5°, Y10°로 지정
   9) '2014년종가' 계열 중 '삼성SDI'의 데이터 레이블 값이 나타나도록 지정
   10) 차트 영역의 **상단 오른쪽**에 [차트형태]와 같이 텍스트 상자를 이용하여 '(단위:백만)'을 입력
   11) [차트형태]와 같이 범례가 나타나도록 지정

【피벗 테이블 형태】

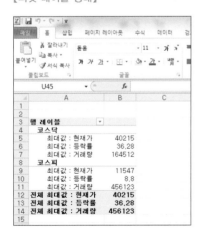

※ 데이터 시트의 A1~E17셀을 이용하여 3번을 작성하시오.

3. 표(A1~E17셀)를 이용하여 피벗 테이블을 작성하시오.
   1) 아래 조건으로 피벗 테이블을 작성하시오.
      – 피벗 테이블 보고서 작성 위치 : 새 워크시트
      – 피벗 테이블 레이아웃
         행 레이블 : 시장, Σ 값
         Σ 값 : 현재가, 등락률, 거래량 (함수:최대값)
      – 시트명은 '피벗'으로 입력

【부분합 형태】

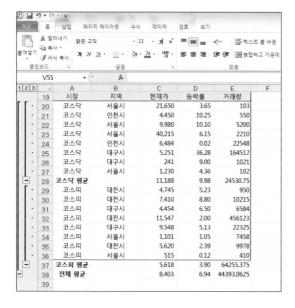

※ 데이터 시트의 A19~E35셀을 이용하여 4번을 작성하시오.

4. 표(A19~E35셀)를 이용하여 부분합을 작성하시오. (부분합 결과는 열 너비를 조절하지 않아도 됨)
   1) 아래 조건으로 부분합을 구하시오.
      – 정렬 : 정렬 기준은 '시장', '오름차순'으로 지정
      – 그룹화할 항목 : 시장
      – 사용할 함수 : 평균
      – 부분합 계산 항목 : 현재가, 등락률, 거래량

【텍스트 나누기 형태】

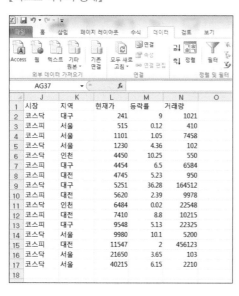

※ 데이터 시트의 J1~J17셀을 이용하여 5번을 작성하시오.

5. 표(J1~J17셀)를 이용하여 텍스트 나누기를 작성하시오.
   1) 아래 조건으로 텍스트 나누기를 작성하시오.
      – 원본 데이터 형식 : 너비가 일정함
      – 열 구분선 : 5개를 지정하여 6열로 나눔
        (구분선 지정 위치 : 6, 10, 12, 18, 24)
      – 열 데이터 서식 : 세 번째 열은 열 가져오지 않음(건너뜀) 지정

▓ 데이터 분석 기능 사용하기

배점 1번(15), 2번(15), 3번(2)

※ 목표값과 시나리오 시트로 1번과 2번을 작성하시오.

1. 목표값 찾기를 이용하여 표(A1~E6셀)의 지역평균의 평균이
55,000이 되도록 인천시의 현재가 값을 구하시오.
   1) 아래 조건으로 목표값 찾기를 구하시오. (③부분이 변경되어야 함)
      − 수식 셀 : E6(지역평균 평균)
      − 찾는 값 : 55,000
      − 값을 바꿀 셀 : B5(인천시 현재가)

【목표값 형태】

【시나리오 형태】

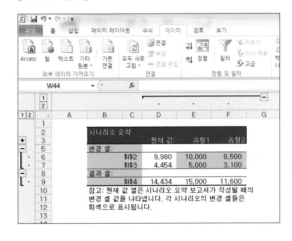

2. 표(H1~J4셀)를 이용하여 현재가의 합계(I4)를 위한 시나리오를
작성하시오.
   1) 시나리오 이름 : 유형1, 유형2
   2) 변경 셀 : I2, I3 셀

변경 셀	유형1 변경 값	유형2 변경 값
I2	10,000	8,500
I3	5,000	3,100

   3) 보고서 종류 : 시나리오 요약

3. 시트의 순서는 반드시 아래와 같이 하시오. (반드시 지정된 시트
만 있어야 함)
      ○○○ ⇨ 주식 ⇨ 피벗 ⇨ 데이터 ⇨ 시나리오 요약
      ⇨ 목표값과 시나리오

제8회 실전모의고사

※ 답안 작성 시 주의사항

- 답안문서 파일명은 응시자의 이름으로 저장하십시오.

- 반드시 주어진 자료 및 엑셀의 기능들을 이용하여 [처리사항]대로 답안문서를 작성하십시오.

  ([보기]를 참고하고, 주어진 자료 외 다른 자료 이용 시 감점 처리됩니다.)

- 답안 작성에 필요한 시트 이외에 다른 시트에 내용을 입력한 경우 감점 또는 부정행위의 대상이 됩니다.

- 답안은 반드시 문제에서 지정한 셀에 입력해야 하며, 임의로 셀의 위치를 변경한 경우 감점요인이 됩니다.

- 문제에서 제시된 내용이 중복 작성된 경우 감점요인이 됩니다.

  (예를 들어, 차트가 두 개 이상인 경우)

- 문제에서 지시하지 않은 사항은 프로그램의 기본 설정 값으로 지정하십시오.

※ 제공 데이터

- 주어진 자료를 이용하여 답안문서를 작성하시오.

  (첨부파일보기 클릭 시 자료 페이지 열림)

| 【보기】 | 【처리사항】 |

▦ 데이터 입력과 수식 작성하기

배점 1번(5), 2번(7), 3번(45), 4번(45)

※ TV시청률 시트에 1번부터 4번까지 작성하시오.

[엑셀로 가공한 정보형태]

1. F3셀에 '평균과 차', G3셀에 '비고', G2셀에 '(단위:%)'를 입력하시오. (G2셀은 가로 오른쪽 맞춤으로 지정)

2. A1셀에 제목을 'TV 프로그램별 시청률'로 입력하시오.
   1) A1~G1셀을 병합하고 가로 가운데 맞춤으로 지정
   2) 글꼴은 궁서체, 글꼴 크기는 20, 글꼴 스타일은 굵게 지정

3. [엑셀로 가공할 정보형태]의 ①(F4~F19셀) 부분의 평균과 차를 구하시오.
   1) 반드시 AVERAGE, ROUNDUP 함수를 모두 이용하여 구하시오.
   2) 반드시 아래 주어진 수식으로 구하고, 구한 값을 소수 둘째 자리에서 올림하여 소수 첫째 자리까지 나타내시오.
   ※ 평균과 차 = ('12월'의 각 TV 프로그램명 값 - 각 TV 프로그램명의 '9월'부터 '12월'까지의 평균)

4. [엑셀로 가공할 정보형태]의 ②(G4~G19셀) 부분의 비고를 구하시오.
   1) 반드시 IF, LEFT, RANK.EQ, OR, SUM 함수를 모두 이용하여 구하시오.

2) 반드시 아래 주어진 조건에 따른 참과 거짓의 값으로 나타내시오.
 – 조건 : 각 TV 프로그램명의 왼쪽부터 1글자가 'K'이거나 '불'
　　　인 경우
 – 참 : '9월'을 기준으로 각 TV 프로그램명의 내림차순 순위
 – 거짓 : 각 TV 프로그램명의 '9월'부터 '12월'까지 합계

■ 서식 지정하기

배점 1번(2), 2번(3), 3번(2), 4번(3), 5번(6), 6번(3), 7번(9)

※ TV시청률 시트에 1번부터 7번까지 작성하시오.

1. 표(A3~G19셀) 안의 글꼴은 돋움체, 글꼴 크기는 12로 지정하시오.

2. A3~A19셀은 가로 균등 분할 (들여쓰기) 맞춤으로 지정하고,
   B3~G3셀, G4~G19셀은 가로 가운데 맞춤으로 지정하시오.

3. A열의 열 너비는 20, B~E열의 열 너비는 10으로 지정하시오.

4. A3~G3셀의 글꼴 스타일은 굵게로 지정하시오.

5. B4~C19셀의 수치는 사용자 지정 표시형식을 이용하여 소수 첫
   째 자리까지 나타나고, 50 이상인 경우 수치 앞에 빈 열 폭만큼
   '*'이 나타나도록 지정하고, D4~E19셀의 수치는 숫자 표시형식
   을 이용하여 소수 첫째 자리까지 나타나고, 음수인 경우 빨강색
   으로 (1234.0)으로 나타나도록 지정하시오.

6. D4~E19셀의 수치는 조건부 서식을 이용하여 10 미만인 경우 글
   꼴 스타일이 굵은 기울임꼴로 나타나도록 지정하시오. (단, 수식
   을 이용하여 입력 시 감점)

7. 표(A3~G19셀) 윤곽선은 이중선, 표 안쪽 세로선은 실선,
   A3~G3셀의 아래선은 이중선이 나타나도록 작성하시오.

【엑셀로 가공한 정보형태】

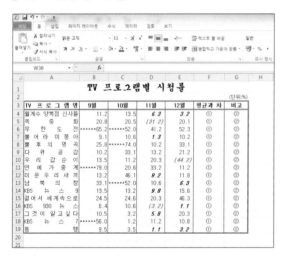

■ 차트 작성과 데이터베이스 기능 사용하기

배점 1번(20), 2번 1)번(6), 2)번(3), 3)번(4), 4)번(4), 5)번(6), 6)번(7),
7)번(6), 8)번(6), 9)번(6), 10)번(6), 11)번(6), 3번(23), 4번(20), 5번(15)

※ TV시청률 시트로 1번과 2번을 작성하시오.

1. 자동 필터를 이용하여 '12월'의 값이 상위 20%인 자료를 추출하고, 추출한 상태를 복사하여 A21셀부터 붙여 넣으시오. (단, 추출 후 반드시 자동 필터 상태를 유지하시오.)

【차트형태】

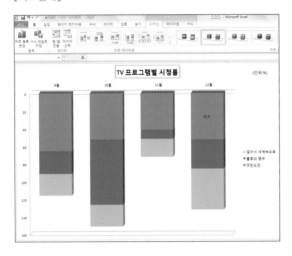

2. 차트를 작성하시오. (차트는 반드시 지정상태를 확인할 수 있어야 하고, 차트를 두 개 이상 작성하거나 그림, 외부개체로 입력되면 감점됨)
   1) 붙여 넣은(A21셀부터) 자료 중 '평균과 차'와 '비고'를 제외한 자료를 이용하여 차트를 작성
   2) 차트 종류는 '3차원 누적 세로 막대형', 차트 스타일은 '스타일 2'로 지정
   3) 작성한 차트 이동 위치는 '새 시트(S)'에 삽입
   4) 작성한 차트가 있는 시트명은 '○○○(응시자 본인의 이름)'으로 입력
   5) 차트 제목은 [차트 도구]-[디자인]메뉴 [차트 레이아웃] 그룹의 '레이아웃 1'을 'TV 프로그램별 시청률'로 입력하고, 테두리 색은 '실선', 그림자는 미리 설정의 '바깥쪽, 오프셋 가운데'를 지정
   6) 기본 세로 축 옵션의 '값을 거꾸로'로 지정하고, 기본 가로 눈금선은 '없음'으로 지정
   7) 3차원 회전 차트 배율의 깊이(%)는 '30'으로 지정
   8) 3차원 회전의 회전은 X10°, Y15°로 지정
   9) '무한도전' 계열 중 '12월'의 데이터 레이블 값이 나타나도록 지정
   10) 차트 영역의 **상단 오른쪽**에 [차트형태]와 같이 텍스트 상자를 이용하여 '(단위:%)'를 입력
   11) [차트형태]와 같이 범례가 나타나도록 지정

【피벗 테이블 형태】

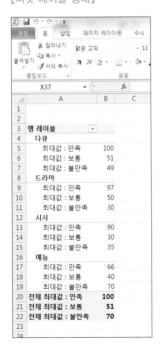

※ 데이터 시트의 A1~E17셀을 이용하여 3번을 작성하시오.

3. 표(A1~E17셀)를 이용하여 피벗 테이블을 작성하시오.
   1) 아래 조건으로 피벗 테이블을 작성하시오.
      – 피벗 테이블 보고서 작성 위치 : 새 워크시트
      – 피벗 테이블 레이아웃
         행 레이블 : 장르, Σ 값
         Σ 값 : 만족, 보통, 불만족 (함수:최대값)
      – 시트명은 '피벗'으로 입력

【부분합 형태】

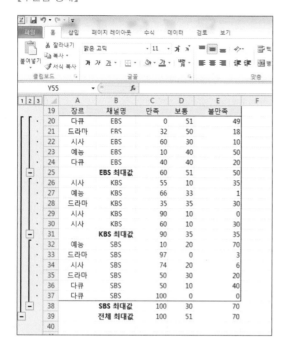

※ 데이터 시트의 A19~E35셀을 이용하여 4번을 작성하시오.

4. 표(A19~E35셀)를 이용하여 부분합을 작성하시오. (부분합 결과는 열 너비를 조절하지 않아도 됨)
   1) 아래 조건으로 부분합을 구하시오.
      − 정렬 : 정렬 기준은 '채널명', '오름차순'으로 지정
      − 그룹화할 항목 : 채널명
      − 사용할 함수 : 최대값
      − 부분합 계산 항목 : 만족, 보통, 불만족

【텍스트 나누기 형태】

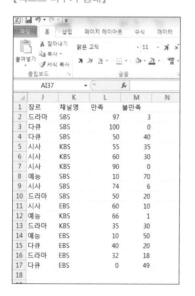

※ 데이터 시트의 J1~J17셀을 이용하여 5번을 작성하시오.

5. 표(J1~J17셀)를 이용하여 텍스트 나누기를 작성하시오.
   1) 아래 조건으로 텍스트 나누기를 작성하시오.
      − 원본 데이터 형식 : 너비가 일정함
      − 열 구분선 : 4개를 지정하여 5열로 나눔
        (구분선 지정 위치 : 6, 12, 16, 20)
      − 열 데이터 서식 : 네 번째 열은 열 가져오지 않음(건너뜀) 지정

데이터 분석 기능 사용하기

배점 1번(15), 2번(15), 3번(2)

※ 목표값과 시나리오 시트로 1번과 2번을 작성하시오.

1. 목표값 찾기를 이용하여 표(A1~E6셀)의 장르평균의 평균이 50.0이 되도록 예능의 보통 값을 구하시오.
    1) 아래 조건으로 목표값 찾기를 구하시오. (③부분이 변경되어야 함)
        − 수식 셀 : E6(장르평균 평균)
        − 찾는 값 : 50.0
        − 값을 바꿀 셀 : C5(예능 보통)

【목표값 형태】

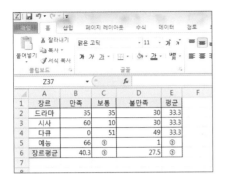

2. 표(H1~J5셀)를 이용하여 **만족의 합계(I5)**를 위한 시나리오를 작성하시오.
    1) 시나리오 이름 : 유형1, 유형2
    2) 변경 셀 : I2, I3, I4 셀

변경 셀	유형1 변경 값	유형2 변경 값
I2	50	20
I3	100	50
I4	50	50

    3) 보고서 종류 : 시나리오 요약

3. 시트의 순서는 반드시 아래와 같이 하시오. (반드시 지정된 시트만 있어야 함)
    ○○○ ⇨ TV시청률 ⇨ 피벗 ⇨ 데이터 ⇨ 시나리오 요약 ⇨ 목표값과 시나리오

【시나리오 형태】

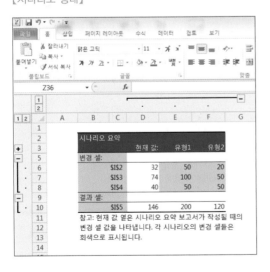

제9회 실전모의고사

【보기】	【처리사항】

■ 데이터 입력과 수식 작성하기

배점 1번(5), 2번(7), 3번(45), 4번(45)

※ 게임순위 시트에 1번부터 4번까지 작성하시오.

1. F3셀에 '평균과 차', G3셀에 '비고', G2셀에 '(단위:위)'를 입력하시오. (G2셀은 가로 오른쪽 맞춤으로 지정)

[엑셀로 가공한 정보형태]

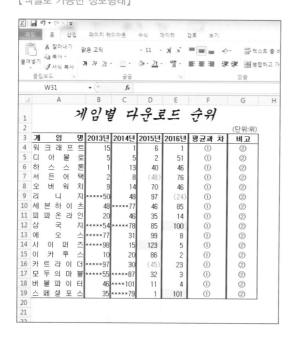

2. A1셀에 제목을 '게임별 다운로드 순위'로 입력하시오.
   1) A1~G1셀을 병합하고 가로 가운데 맞춤으로 지정
   2) 글꼴은 궁서체, 글꼴 크기는 25, 글꼴 스타일은 기울임 지정

3. [엑셀로 가공할 정보형태]의 ①(F4~F19셀) 부분의 평균과 차를 구하시오.
   1) 반드시 AVERAGE, ROUNDUP 함수를 모두 이용하여 구하시오.
   2) 반드시 아래 주어진 수식으로 구하고, 구한 값을 소수 둘째 자리에서 올림하여 소수 첫째 자리까지 나타내시오.
   ※ 평균과 차 = (각 게임명의 '2016년'의 값 − 각 게임명의 '2013년'부터 '2016년'까지의 평균)

4. [엑셀로 가공할 정보형태]의 ②(G4~G19셀) 부분의 비고를 구하시오.
   1) 반드시 SUM, CHOOSE, LEN, MAX, AVERAGE 함수를 모두 이용하여 구하시오.

2) 비고는 게임명의 글자 수에 따라 값을 구하시오.
　- 3인 경우 각 게임명의 '2013년'부터 '2016년'까지의 합계
　- 4인 경우 각 게임명의 '2013년'부터 '2016년'까지의 평균
　- 5인 경우 각 게임명의 '2013년'부터 '2016년'까지 중 최대값

【엑셀로 가공한 정보형태】

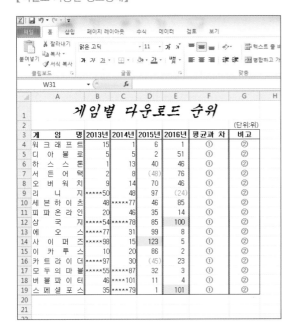

▓ 서식 지정하기

배점 1번(2), 2번(3), 3번(2), 4번(3), 5번(6), 6번(3), 7번(9)

※ 게임순위 시트에 1번부터 7번까지 작성하시오.

1. 표(A3~G19셀) 안의 글꼴은 굴림체, 글꼴 크기는 12로 지정하시오.

2. A3~A19셀은 가로 균등 분할 (들여쓰기) 맞춤으로 지정하고, B3~G3셀, G4~G19셀은 가로 가운데 맞춤으로 지정하시오.

3. A열의 열 너비는 15, B~E열의 열 너비는 7로 지정하시오.

4. A3~G3셀의 글꼴 스타일은 굵게로 지정하시오.

5. B4~C19셀의 수치는 사용자 지정 표시형식을 이용하여 세 자리마다 콤마가 나타나고 50 이상인 경우 수치 앞에 빈 열 폭만큼 '*'이 나타나도록 지정하고, D4~E19셀의 수치는 숫자 표시형식을 이용하여 세 자리마다 콤마가 나타나고, 음수인 경우 빨강색으로 (1,234)로 나타나도록 지정하시오.

6. D4~E19셀의 수치는 조건부 서식을 이용하여 100 이상인 경우 노랑 채우기로 나타나도록 지정하시오. (단, 수식을 이용하여 입력 시 감점)

7. 표(A3~G19셀) 윤곽선은 실선, 표 안쪽 세로선은 이중선, A3~G3셀의 아래선은 실선이 나타나도록 작성하시오.

▦ 차트 작성과 데이터베이스 기능 사용하기

배점 1번(20), 2번 1)번(6), 2)번(3), 3)번(4), 4)번(4), 5)번(6), 6)번(7), 7)번(6), 8)번(6), 9)번(6), 10)번(6), 11)번(6), 3번(23), 4번(20), 5번(15)

【차트형태】

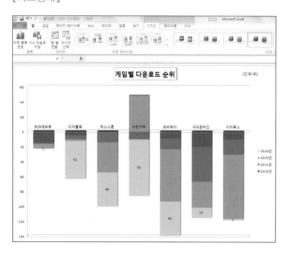

※ 게임순위 시트로 1번과 2번을 작성하시오.

1. 자동 필터를 이용하여 '2013년'의 값이 1 이상이고, 20 이하인 자료를 추출하고, 추출한 상태를 복사하여 A21셀부터 붙여 넣으시오. (단, 추출 후 반드시 자동 필터 상태를 유지하시오.)

2. 차트를 작성하시오. (차트는 반드시 지정상태를 확인할 수 있어야 하고, 차트를 두 개 이상 작성하거나 그림, 외부개체로 입력되면 감점됨)

　1) 붙여 넣은(A21셀부터) 자료 중 '평균과 차'와 '비고'를 제외한 자료를 이용하여 차트를 작성

　2) 차트 종류는 '3차원 누적 세로 막대형', 차트 스타일은 '스타일 4'로 지정

　3) 작성한 차트 이동 위치는 '새 시트(S)'에 삽입

　4) 작성한 차트가 있는 시트명은 '○○○(응시자 본인의 이름)'으로 입력

　5) 차트 제목은 [차트 도구]-[디자인]메뉴 [차트 레이아웃] 그룹의 '레이아웃 1'을 '게임별 다운로드 순위'로 입력하고, 테두리 색은 '실선', 그림자는 미리 설정의 '바깥쪽, 오프셋 오른쪽'을 지정

　6) 기본 세로 축 옵션의 '값을 거꾸로'로 지정하고, 기본 가로 눈금선은 '없음'으로 지정

　7) 3차원 회전 차트 배율의 깊이(%)는 '40'으로 지정

　8) 3차원 회전의 회전은 X5°, Y10°로 지정

　9) '2016년' 계열 데이터 레이블 값이 나타나도록 지정

　10) 차트 영역의 상단 오른쪽에 [차트형태]와 같이 텍스트 상자를 이용하여 '(단위:위)'를 입력

　11) [차트형태]와 같이 범례가 나타나도록 지정

【피벗 테이블 형태】

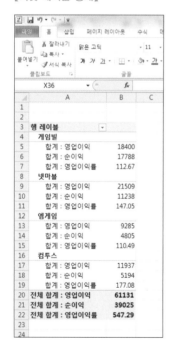

※ 데이터 시트의 A1~E17셀을 이용하여 3번을 작성하시오.

3. 표(A1~E17셀)를 이용하여 피벗 테이블을 작성하시오.

　1) 아래 조건으로 피벗 테이블을 작성하시오.

　　– 피벗 테이블 보고서 작성 위치 : 새 워크시트

　　– 피벗 테이블 레이아웃

　　　행 레이블 : 게임사, Σ 값

　　　Σ 값 : 영업이익, 순이익, 영업이익률 (함수:합계)

　　– 시트명은 '피벗'으로 입력

【부분합 형태】

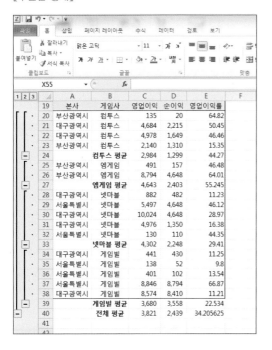

※ 데이터 시트의 A19~E35셀을 이용하여 4번을 작성하시오.

4. 표(A19~E35셀)를 이용하여 부분합을 작성하시오. (부분합 결과는 열 너비를 조절하지 않아도 됨)
   1) 아래 조건으로 부분합을 구하시오.
      − 정렬 : 정렬 기준은 '게임사', '내림차순'으로 지정
      − 그룹화할 항목 : 게임사
      − 사용할 함수 : 평균
      − 부분합 계산 항목 : 영업이익, 순이익, 영업이익률

【텍스트 나누기 형태】

※ 데이터 시트의 J1~J17셀을 이용하여 5번을 작성하시오.

5. 표(J1~J17셀)를 이용하여 텍스트 나누기를 작성하시오.
   1) 아래 조건으로 텍스트 나누기를 작성하시오.
      − 원본 데이터 형식 : 너비가 일정함
      − 열 구분선 : 4개를 지정하여 5열로 나눔
        (구분선 지정 위치 : 10, 16, 24, 30)
      − 열 데이터 서식 : 첫 번째 열은 열 가져오지 않음(건너뜀) 지정

■ 데이터 분석 기능 사용하기

배점 1번(15), 2번(15), 3번(2)

※ 목표값과 시나리오 시트로 1번과 2번을 작성하시오.

1. 목표값 찾기를 이용하여 표(A1~E6셀)의 게임사 평균의 평균이 4,000이 되도록 엠게임의 순이익 값을 구하시오.
   1) 아래 조건으로 목표값 찾기를 구하시오. (③부분이 변경되어야 함)
      - 수식 셀 : E6(게임사 평균 평균)
      - 찾는 값 : 4,000
      - 값을 바꿀 셀 : C5(엠게임 순이익)

【목표값 형태】

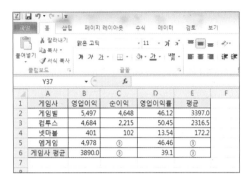

2. 표(H1~K5셀)를 이용하여 **서울특별시/부산광역시의 평균(K5)**을 위한 시나리오를 작성하시오.
   1) 시나리오 이름 : 유형1, 유형2
   2) 변경 셀 : J2, J3, J4 셀

변경 셀	유형1 변경 값	유형2 변경 값
J2	200	100
J3	300	550
J4	100	150

   3) 보고서 종류 : 시나리오 요약

3. 시트의 순서는 반드시 아래와 같이 하시오. (반드시 지정된 시트만 있어야 함)
   ○○○ ⇨ 게임순위 ⇨ 피벗 ⇨ 데이터 ⇨ 시나리오 요약 ⇨ 목표값과 시나리오

【시나리오 형태】

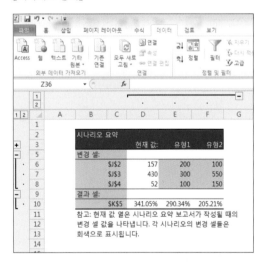

제10회 실전모의고사

※ 답안 작성 시 주의사항

- 답안문서 파일명은 응시자의 이름으로 저장하십시오.
- 반드시 주어진 자료 및 엑셀의 기능들을 이용하여 [처리사항]대로 답안문서를 작성하십시오.
  ([보기]를 참고하고, 주어진 자료 외 다른 자료 이용 시 감점 처리됩니다.)
- 답안 작성에 필요한 시트 이외에 다른 시트에 내용을 입력한 경우 감점 또는 부정행위의 대상이 됩니다.
- 답안은 반드시 문제에서 지정한 셀에 입력해야 하며, 임의로 셀의 위치를 변경한 경우 감점요인이 됩니다.
- 문제에서 제시된 내용이 중복 작성된 경우 감점요인이 됩니다.
  (예를 들어, 차트가 두 개 이상인 경우)
- 문제에서 지시하지 않은 사항은 프로그램의 기본 설정 값으로 지정하십시오.

※ 제공 데이터

- 주어진 자료를 이용하여 답안문서를 작성하시오.
  (첨부파일보기 클릭 시 자료 페이지 열림)

【보기】

【처리사항】

【엑셀로 가공한 정보형태】

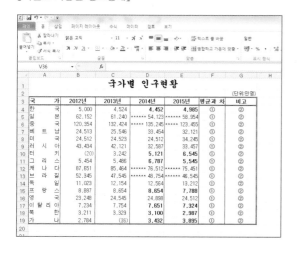

■ 데이터 입력과 수식 작성하기

배점 1번(5), 2번(7), 3번(45), 4번(45)

※ 국가별 인구수 시트에 1번부터 4번까지 작성하시오.

1. F3셀에 '평균과 차', G3셀에 '비고', G2셀에 '(단위:만명)'을 입력하시오. (G2셀은 가로 오른쪽 맞춤으로 지정)

2. A1셀에 제목을 '국가별 인구현황'으로 입력하시오.
   1) A1~G1셀을 병합하고 가로 가운데 맞춤으로 지정
   2) 글꼴은 궁서체, 글꼴 크기는 20, 글꼴 스타일은 굵게 지정

3. [엑셀로 가공할 정보형태]의 ①(F4~F19셀) 부분의 평균과 차를 구하시오.
   1) 반드시 AVERAGE, ROUNDUP 함수를 모두 이용하여 구하시오.
   2) 반드시 아래 주어진 수식으로 구하고, 구한 값을 소수 둘째 자리에서 올림하여 소수 첫째 자리까지 나타내시오.
   ※ 평균과 차 = ('2015년'의 각 국가의 값 – '2015년'의 '한국'부터 '가나까지의 평균)

4. [엑셀로 가공할 정보형태]의 ②(G4~G19셀) 부분의 비고를 구하시오.
   1) 반드시 FIND, IF, ISERR, RANK.EQ, AVERAGE 함수를 모두 이용하여 구하시오.

2) 반드시 아래 주어진 조건에 따른 참과 거짓의 값으로 나타내시오.
　– 조건 : 각 국가에 '국'이 포함되지 않는 경우
　– 참 : '2012년'을 기준으로 각 국가의 내림차순 순위
　– 거짓 : 각 국가의 '2013년'부터 '2015년'까지의 평균

■ 서식 지정하기

배점 1번(2), 2번(3), 3번(2), 4번(3), 5번(6), 6번(3), 7번(9)

※ 국가별 인구수 시트에 1번부터 7번까지 작성하시오.

1. 표(A3~G19셀) 안의 글꼴은 돋움체, 글꼴 크기는 12로 지정하시오.

2. A3~A19셀은 가로 균등 분할 (들여쓰기) 맞춤으로 지정하고, B3~G3셀, F4~F19셀은 가로 가운데 맞춤으로 지정하시오.

3. A열의 열 너비는 10, B~E열의 열 너비는 11로 지정하시오.

4. A3~G3셀의 글꼴 스타일은 굵게로 지정하시오.

5. B4~C19셀의 수치는 숫자 표시형식을 이용하여 세 자리마다 콤마가 나타나고, 음수인 경우 빨강색으로 (1,234)로 나타나도록 지정하고, D4~E19셀의 수치는 사용자 지정 표시형식을 이용하여 세 자리마다 콤마가 나타나고 40,000 이상인 경우 수치 앞에 빈 열 폭만큼 '*'이 나타나도록 지정하시오.

6. D4~E19셀의 수치는 조건부 서식을 이용하여 10,000 미만인 경우 글꼴 스타일이 굵게 나타나도록 지정하시오. (단, 수식을 이용하여 입력 시 감점)

7. 표(A3~G19셀) 윤곽선은 이중선, 표 안쪽 세로선은 실선, A3~G3셀의 아래선은 이중선이 나타나도록 작성하시오.

【엑셀로 가공한 정보형태】

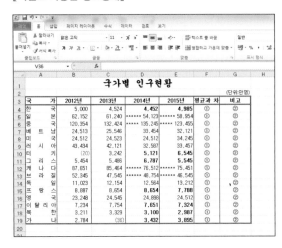

■ 차트 작성과 데이터베이스 기능 사용하기

배점 1번(20), 2번 1)번(6), 2)번(3), 3)번(4), 4)번(4), 5)번(6), 6)번(7),
7)번(6), 8)번(6), 9)번(6), 10)번(6), 11)번(3), 3번(23), 4번(20), 5번(15)

※ 국가별 인구수 시트로 1번과 2번을 작성하시오.

【차트형태】

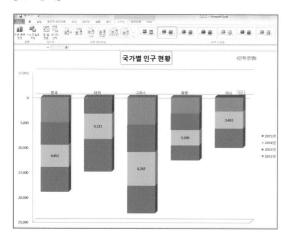

1. 자동 필터를 이용하여 '2015년'의 값이 하위 1위부터 5위인 자료
   를 추출하고, 추출한 상태를 복사하여 A21셀부터 붙여 넣으시오.
   (단, 추출 후 반드시 자동 필터 상태를 유지하시오.)

2. 차트를 작성하시오. (차트는 반드시 지정상태를 확인할 수 있어
   야 하고, 차트를 두 개 이상 작성하거나 그림, 외부개체로 입력되
   면 감점됨)
   1) 붙여 넣은(A21셀부터) 자료 중 '평균과 차'와 '비고'를 제외한 자
      료를 이용하여 차트를 작성
   2) 차트 종류는 '3차원 누적 세로 막대형', 차트 스타일은 '스타일 2'
      로 지정
   3) 작성한 차트 이동 위치는 '새 시트(S)'에 삽입
   4) 작성한 차트가 있는 시트명은 '○○○(응시자 본인의 이름)'으로
      입력
   5) 차트 제목은 [차트 도구]−[디자인]메뉴 [차트 레이아웃] 그룹의
      '레이아웃 1'을 '국가별 인구 현황'으로 입력하고, 테두리 색은 '실
      선', 그림자는 미리 설정의 '바깥쪽, 오프셋 가운데'를 지정
   6) 기본 세로 축 옵션의 '값을 거꾸로'로 지정하고, 기본 가로 눈금
      선은 '없음'으로 지정
   7) 3차원 회전 차트 배율의 깊이(%)는 '50'으로 지정
   8) 3차원 회전의 회전은 X10°, Y10°로 지정
   9) '2014년' 계열의 데이터 레이블 값이 나타나도록 지정
   10) 차트 영역의 **상단 오른쪽**에 [차트형태]와 같이 텍스트 상자를
      이용하여 '(단위:만명)'을 입력
   11) [차트형태]와 같이 범례가 나타나도록 지정

【피벗 테이블 형태】

※ 데이터 시트의 A1~F17셀을 이용하여 3번을 작성하시오.

3. 표(A1~F17셀)를 이용하여 피벗 테이블을 작성하시오.
   1) 아래 조건으로 피벗 테이블을 작성하시오.
      − 피벗 테이블 보고서 작성 위치 : 새 워크시트
      − 피벗 테이블 레이아웃
         행 레이블 : 코드, Σ 값
         Σ 값 : 20대, 30대, 40대, 50대 (함수:평균)
      − 시트명은 '피벗'으로 입력

【부분합 형태】

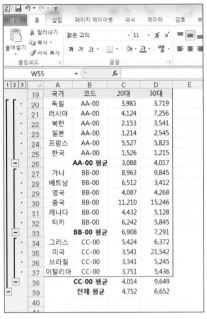

4. 표(A19~D35셀)를 이용하여 부분합을 작성하시오. (부분합 결과는 열 너비를 조절하지 않아도 됨)
   1) 아래 조건으로 부분합을 구하시오.
      - 정렬 : 정렬 기준은 '코드', '오름차순'으로 지정
      - 그룹화할 항목 : 코드
      - 사용할 함수 : 평균
      - 부분합 계산 항목 : 20대, 30대

【텍스트 나누기 형태】

5. 표(J1~J17셀)를 이용하여 텍스트 나누기를 작성하시오.
   1) 아래 조건으로 텍스트 나누기를 작성하시오.
      - 원본 데이터 형식 : 너비가 일정함
      - 열 구분선 : 3개를 지정하여 4열로 나눔
        (구분선 지정 위치 : 8, 13, 18)
      - 열 데이터 서식 : 세 번째 열은 열 가져오지 않음(건너뜀) 지정

■ 데이터 분석 기능 사용하기

배점 1번(15), 2번(15), 3번(2)

【목표값 형태】

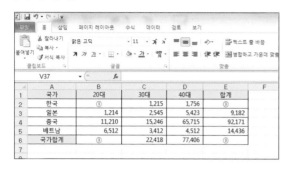

※ 목표값과 시나리오 시트로 1번과 2번을 작성하시오.

1. 목표값 찾기를 이용하여 표(A1~E6셀)의 국가합계의 합계가 150,000이 되도록 한국의 20대 값을 구하시오.
   1) 아래 조건으로 목표값 찾기를 구하시오. (③부분이 변경되어야 함)
      – 수식 셀 : E6(국가합계 합계)
      – 찾는 값 : 150,000
      – 값을 바꿀 셀 : B2(한국 20대)

【시나리오 형태】

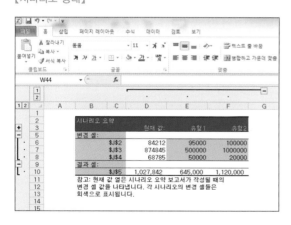

2. 표(H1~J5셀)를 이용하여 30대의 코드합계(J5)를 위한 시나리오를 작성하시오.
   1) 시나리오 이름 : 유형1, 유형2
   2) 변경 셀 : J2, J3, J4 셀

변경 셀	유형1 변경 값	유형2 변경 값
J2	95,000	100,000
J3	500,000	1,000,000
J4	50,000	20,000

   3) 보고서 종류 : 시나리오 요약

3. 시트의 순서는 반드시 아래와 같이 하시오. (반드시 지정된 시트만 있어야 함)

   ○○○ ⇨ 국가별 인구수 ⇨ 피벗 ⇨ 데이터 ⇨ 시나리오 요약 ⇨ 목표값과 시나리오

PART 06

최신
기출문제

제1회 최신기출문제

※ **답안 작성 시 주의사항**

- 답안문서 파일명은 응시자의 이름으로 저장하십시오.

- 반드시 주어진 자료 및 엑셀의 기능들을 이용하여 [처리사항]대로 답안문서를 작성하십시오.

  ([보기]를 참고하고, 주어진 자료 외 다른 자료 이용 시 감점 처리됩니다.)

- 답안 작성에 필요한 시트 이외에 다른 시트에 내용을 입력한 경우 감점 또는 부정행위의 대상이 됩니다.

- 답안은 반드시 문제에서 지정한 셀에 입력해야 하며, 임의로 셀의 위치를 변경한 경우 감점요인이 됩니다.

- 문제에서 제시된 내용이 중복 작성된 경우 감점요인이 됩니다.

  (예를 들어, 차트가 두 개 이상인 경우)

- 문제에서 지시하지 않은 사항은 프로그램의 기본 설정 값으로 지정하십시오.

※ **제공 데이터**

- 주어진 자료를 이용하여 답안문서를 작성하시오.

  (첨부파일보기 클릭 시 자료 페이지 열림)

【보기】	【처리사항】

■ 데이터 입력과 수식 작성하기

배점 1번(5), 2번(7), 3번(45), 4번(45)

※ 대형마트판매액 시트에 1번부터 4번까지 작성하시오.

【엑셀로 가공한 정보형태】

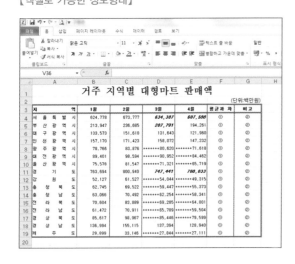

1. F3셀에 '평균과 차', G3셀에 '비고', G2셀에 '(단위:백만원)'을 입력하시오. (G2셀은 가로 오른쪽 맞춤으로 지정)

2. A1셀에 제목을 '거주 지역별 대형마트 판매액'으로 입력하시오.
   1) A1 ~ G1셀을 병합하고 가로 가운데 맞춤으로 지정
   2) 글꼴은 바탕체, 글꼴 크기는 21, 글꼴 스타일은 굵게 지정

3. [엑셀로 가공할 정보형태]의 ①(F4~F19셀) 부분의 평균과 차를 구하시오.
   1) 반드시 ROUNDUP, AVERAGE 함수를 모두 이용하여 구하시오.
   2) 반드시 아래 주어진 수식으로 구하고, 구한 값을 십의 자리에서 올림하여 백의 자리까지 나타내시오.
   ※ 평균과 차 = ('3월'의 각 지역의 값 – '3월'의 '서울특별시'부터 '제주도'까지의 평균)

4. [엑셀로 가공할 정보형태]의 ②(G4~G19셀) 부분의 비고를 구하시오.
   1) 반드시 LEN, CHOOSE, MAX, AVERAGE, MIN 함수를 모두 이용하여 구하시오.

2) 비고는 지역의 글자 수에 따라 값을 구하시오.
  – 3인 경우 각 지역의 '1월'부터 '4월'까지의 최대값
  – 4인 경우 각 지역의 '1월'부터 '4월'까지의 평균
  – 5인 경우 각 지역의 '1월'부터 '4월'까지의 최소값

▦ 서식 지정하기

배점 1번(2), 2번(3), 3번(2), 4번(3), 5번(6), 6번(3), 7번(9)

※ 대형마트판매액 시트에 1번부터 7번까지 작성하시오.

【엑셀로 가공한 정보형태】

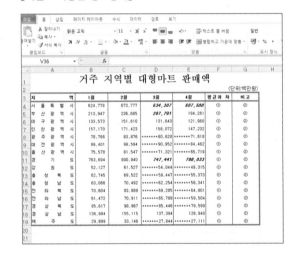

1. 표(A3~G19셀) 안의 글꼴은 돋움체, 글꼴 크기는 10으로 지정하시오.

2. A3~A19셀은 가로 균등 분할 (들여쓰기) 맞춤으로 지정하고, B3~G3셀, G4~G19셀은 가로 가운데 맞춤으로 지정하시오.

3. A열의 열 너비는 14, B~E열의 열 너비는 10으로 지정하시오.

4. A3~G3셀의 글꼴 스타일은 굵게로 지정하시오.

5. B4~C19셀의 수치는 숫자 표시형식을 이용하여 세 자리마다 콤마가 나타나고, 음수인 경우 빨강색으로 −1,234로 나타나도록 지정하고, D4~E19셀의 수치는 사용자 지정 표시형식을 이용하여 세 자리마다 콤마가 나타나고 100,000 이하인 경우 수치 앞에 빈 열 폭만큼 '*'이 나타나도록 지정하시오.

6. D4~E19셀의 수치는 조건부 서식을 이용하여 200,000 초과인 경우 글꼴 스타일이 굵은 기울임꼴로 나타나도록 지정하시오. (단, 수식을 이용하여 입력 시 감점)

7. 표(A3~G19셀) 윤곽선은 이중선, 표 안쪽 세로선은 실선, A3~G3셀의 아래선은 이중선이 나타나도록 작성하시오.

◼ 차트 작성과 데이터베이스 기능 사용하기

배점 1번(20), 2번 1)번(6), 2)번(3), 3)번(4), 4)번(5), 5)번(6), 6)번(7),
7)번(6), 8)번(6), 9)번(6), 10)번(6), 11)번(6), 3번(23), 4번(20), 5번(15)

※ 대형마트판매액 시트로 1번과 2번을 작성하시오.

1. 자동 필터를 이용하여 '1월'의 값이 100,000 이상인 자료를 추출
하고, 추출한 상태를 복사하여 A21셀부터 붙여 넣으시오.
(단, 추출 후 반드시 자동 필터 상태를 유지하시오.)

【차트형태】

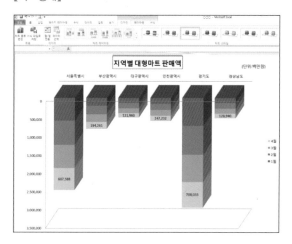

2. 차트를 작성하시오. (차트는 반드시 지정상태를 확인할 수 있어
야 하고, 차트를 두 개 이상 작성하거나 그림, 외부개체로 입력되
면 감점됨)
   1) 붙여 넣은(A21셀부터) 자료 중 '평균과 차'와 '비고'를 제외한 자
   료를 이용하여 차트를 작성
   2) 차트 종류는 '3차원 누적 세로 막대형', 차트 스타일은 '스타일 3'
   으로 지정
   3) 작성한 차트 이동 위치는 '새 시트(S)'에 삽입
   4) 작성한 차트가 있는 시트명은 '○○○(응시자 본인의 이름)'으로
   입력
   5) 차트 제목은 [차트 도구]–[디자인]메뉴 [차트 레이아웃] 그룹의
   '레이아웃 1'을 '지역별 대형마트 판매액'으로 입력하고, 테두리
   색은 '실선', 그림자는 미리 설정의 '바깥쪽, 오프셋 위쪽'을 지정
   6) 기본 세로 축 옵션의 '값을 거꾸로'로 지정하고, 기본 가로 눈금
   선은 '없음'으로 지정
   7) 3차원 회전 차트 배율의 깊이(%)는 '120'으로 지정
   8) 3차원 회전의 회전은 X20°, Y30°로 지정
   9) '4월' 계열의 데이터 레이블 값이 나타나도록 지정
   10) 차트 영역의 **상단 오른쪽**에 [차트형태]와 같이 텍스트 상자를
   이용하여 '(단위:백만원)'을 입력
   11) [차트형태]와 같이 범례가 나타나도록 지정

【피벗 테이블 형태】

※ 데이터 시트의 A1~D17셀을 이용하여 3번을 작성하시오.

3. 표(A1~D17셀)를 이용하여 피벗 테이블을 작성하시오.
   1) 아래 조건으로 피벗 테이블을 작성하시오.
      – 피벗 테이블 보고서 작성 위치 : 새 워크시트
      – 피벗 테이블 레이아웃
         행 레이블 : 지역, Σ 값
         Σ 값 : 2006년, 2007년 (함수:평균)
      – 시트명은 '피벗'으로 입력

【부분합 형태】

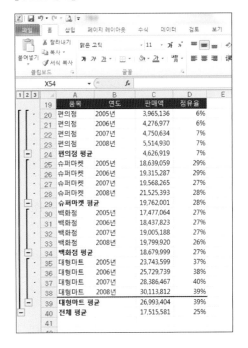

※ 데이터 시트의 A19~D35셀을 이용하여 4번을 작성하시오.

4. 표(A19~D35셀)를 이용하여 부분합을 작성하시오. (부분합 결과는 열 너비를 조절하지 않아도 됨)

　1) 아래 조건으로 부분합을 구하시오.
　　- 정렬 : 정렬 기준은 '품목', '내림차순'으로 지정
　　- 그룹화할 항목 : 품목
　　- 사용할 함수 : 평균
　　- 부분합 계산 항목 : 판매액, 점유율

【텍스트 나누기 형태】

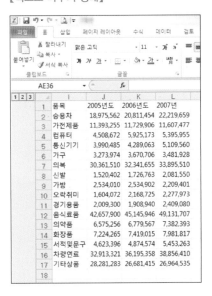

※ 데이터 시트의 I1~I17셀을 이용하여 5번을 작성하시오.

5. 표(I1~JI17셀)를 이용하여 텍스트 나누기를 작성하시오.

　1) 아래 조건으로 텍스트 나누기를 작성하시오.
　　- 원본 데이터 형식 : 너비가 일정함
　　- 열 구분선 : 4개를 지정하여 5열로 나눔
　　　(구분선 지정 위치 : 10, 18, 28, 38)
　　- 열 데이터 서식 : 두 번째 열은 열 가져오지 않음(건너뜀) 지정

▧ 데이터 분석 기능 사용하기

배점 1번(15), 2번(15), 3번(2)

※ 목표값과 시나리오 시트로 1번과 2번을 작성하시오.

1. 목표값 찾기를 이용하여 표(A1~E6셀)의 품목 합계의 합계가 800,000,000이 되도록 비내구재의 2009년 값을 구하시오.
   1) 아래 조건으로 목표값 찾기를 구하시오. (③부분이 변경되어야 함)
      − 수식 셀 : E6(품목 합계 합계)
      − 찾는 값 : 800,000,000
      − 값을 바꿀 셀 : C4(비내구재 2009년)

【목표값 형태】

【시나리오 형태】

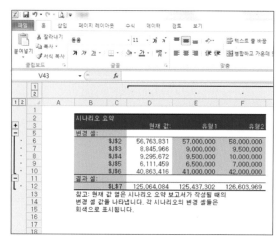

2. 표(H1~L7셀)를 이용하여 **품목 합계의 평균**(L7)을 위한 시나리오를 작성하시오.
   1) 시나리오 이름 : 유형1, 유형2
   2) 변경 셀 : J2, J3, J4, J5, J6셀

변경 셀	유형1 변경 값	유형2 변경 값
J2	57,000,000	58,000,000
J3	9,000,000	9,500,000
J4	9,500,000	10,000,000
J5	6,500,000	7,000,000
J6	41,000,000	42,000,000

   3) 보고서 종류 : 시나리오 요약

3. 시트의 순서는 반드시 아래와 같이 하시오. (반드시 지정된 시트만 있어야 함)
   ○○○ ⇨ 대형마트판매액 ⇨ 피벗 ⇨ 데이터 ⇨ 시나리오 요약 ⇨ 목표값과 시나리오

제2회 최신기출문제

※ 답안 작성 시 주의사항

- 답안문서 파일명은 응시자의 이름으로 저장하십시오.
- 반드시 주어진 자료 및 엑셀의 기능들을 이용하여 [처리사항]대로 답안문서를 작성하십시오.

  ([보기]를 참고하고, 주어진 자료 외 다른 자료 이용시 감점 처리됩니다.)
- 답안 작성에 필요한 시트 이외에 다른 시트에 내용을 입력한 경우 감점 또는 부정행위의 대상이 됩니다.
- 답안은 반드시 문제에서 지정한 셀에 입력해야 하며, 임의로 셀의 위치를 변경한 경우 감점요인이 됩니다.
- 문제에서 제시된 내용이 중복 작성된 경우 감점요인이 됩니다.

  (예를 들어, 차트가 두 개 이상인 경우)
- 문제에서 지시하지 않은 사항은 프로그램의 기본 설정 값으로 지정하십시오.

※ 제공 데이터

- 주어진 자료를 이용하여 답안문서를 작성하시오.

  (첨부파일보기 클릭 시 자료 페이지 열림)

【보기】	【처리사항】

■ 데이터 입력과 수식 작성하기

배점 1번(5), 2번(7), 3번(45), 4번(45)

※ 산업별사업체수 시트에 1번부터 4번까지 작성하시오.

1. F3셀에 '차지율(%)', G3셀에 '비고', G2셀에 '(단위:천개)'를 입력하시오. (G2셀은 가로 오른쪽 맞춤으로 지정)

【엑셀로 가공한 정보형태】

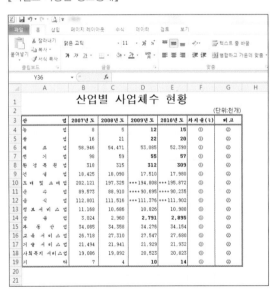

2. A1셀에 제목을 '산업별 사업체수 현황'으로 입력하시오.
   1) A1~G1셀을 병합하고 가로 가운데 맞춤으로 지정
   2) 글꼴은 돋움체, 글꼴 크기는 21, 글꼴 스타일은 굵게 지정

3. [엑셀로 가공할 정보형태]의 ①(F4~F19셀) 부분의 차지율(%)을 구하시오.
   1) 반드시 SUM, ROUNDUP 함수를 모두 이용하여 구하시오.
   2) 반드시 아래 주어진 수식으로 구하고, 구한 값을 소수 셋째 자리에서 올림하여 소수 둘째 자리까지 나타내시오.
   ※ 차지율(%) = ('2010년도'의 각 산업의 값 / '2010년도'의 '농업'부터 '기타'까지의 합계*100)

4. [엑셀로 가공할 정보형태]의 ②(G4~G19셀) 부분의 비고를 구하시오.
   1) 반드시 OR, IF, LEN, LEFT, RANK.EQ, MIN 함수를 모두 이용하여 구하시오.

2) 반드시 아래 주어진 조건에 따른 참과 거짓의 값으로 나타내시오.
　　- 조건 : 각 산업의 글자 수가 두 글자 이거나 왼쪽 네 자리 문
　　　자가 '서비스업'인 경우
　　- 참 : '2009년도'를 기준으로 각 산업의 내림차순 순위
　　- 거짓 : 각 산업의 '2007년도'부터 '2010년도'까지의 최소값

■ 서식 지정하기

배점 1번(2), 2번(3), 3번(2), 4번(3), 5번(6), 6번(3), 7번(9)

※ 산업별사업체수 시트에 1번부터 7번까지 작성하시오.

1. 표(A3~G19셀) 안의 글꼴은 궁서체, 글꼴 크기는 10으로 지정하시오.

【엑셀로 가공한 정보형태】

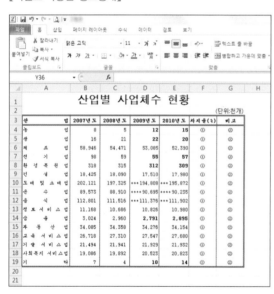

2. A3~A19셀은 가로 균등 분할 (들여쓰기) 맞춤으로 지정하고, B3~G3셀, G4~G19셀은 가로 가운데 맞춤으로 지정하시오.

3. A열의 열 너비는 15, B~E열의 열 너비는 9로 지정하시오.

4. A3~G3셀의 글꼴 스타일은 굵게로 지정하시오.

5. B4~C19셀의 수치는 숫자 표시형식을 이용하여 세 자리마다 콤마가 나타나고, 음수인 경우 빨강색으로 (1,234)로 나타나도록 지정하고, D4~E19셀의 수치는 사용자 지정 표시형식을 이용하여 세 자리마다 콤마가 나타나고 90,000 이상인 경우 수치 앞에 빈 열 폭만큼 '*'이 나타나도록 지정하시오.

6. D4~E19셀의 수치는 조건부 서식을 이용하여 10,000 미만인 경우 글꼴 스타일이 굵게 나타나도록 지정하시오. (단, 수식을 이용하여 입력 시 감점)

7. 표(A3~G19셀) 윤곽선은 이중선, 표 안쪽 세로선은 실선, A3~G3셀의 아래선은 이중선이 나타나도록 작성하시오.

■ 차트 작성과 데이터베이스 기능 사용하기

배점 1번(20), 2번 1)번(6), 2)번(3), 3)번(4), 4)번(4), 5)번(6), 6)번(7),
7)번(6), 8)번(6), 9)번(6), 10)번(6), 11)번(6), 3번(23), 4번(20), 5번(15)

※ 산업별사업체수 시트로 1번과 2번을 작성하시오.

1. 자동 필터를 이용하여 '2007년도'의 백분율 값이 상위 30%인 자료를 추출하고, 추출한 상태를 복사하여 A21셀부터 붙여 넣으시오. (단, 추출 후 반드시 자동 필터 상태를 유지하시오.)

2. 차트를 작성하시오. (차트는 반드시 지정상태를 확인할 수 있어야 하고, 차트를 두 개 이상 작성하거나 그림, 외부개체로 입력되면 감점됨)
   1) 붙여 넣은(A21셀부터) 자료 중 '차지율(%)'과 '비고'를 제외한 자료를 이용하여 차트를 작성
   2) 차트 종류는 '3차원 누적 가로 막대형', 차트 스타일은 '스타일 2'로 지정
   3) 작성한 차트 이동 위치는 '새 시트(S)'에 삽입
   4) 작성한 차트가 있는 시트명은 '○○○(응시자 본인의 이름)'으로 입력
   5) 차트 제목은 [차트 도구]-[디자인]메뉴 [차트 레이아웃] 그룹의 '레이아웃 1'을 '산업별 사업체수 현황'으로 입력하고, 테두리 색은 '실선', 그림자는 미리 설정의 '바깥쪽, 오프셋 대각선 오른쪽 아래'를 지정
   6) 기본 가로 축 옵션의 '값을 거꾸로'로 지정하고, 기본 세로 눈금선은 '없음'으로 지정
   7) 3차원 회전 차트 배율의 깊이(%)는 '50'으로 지정
   8) 3차원 회전의 회전은 X25°, Y13°로 지정
   9) '2010년도' 계열의 데이터 레이블 값이 나타나도록 지정
   10) 차트 영역의 **상단 오른쪽**에 [차트형태]와 같이 텍스트 상자를 이용하여 '(단위:천개)'를 입력
   11) [차트형태]와 같이 범례가 나타나도록 지정

※ 데이터 시트의 A1~D17셀을 이용하여 3번을 작성하시오.

3. 표(A1~D17셀)를 이용하여 피벗 테이블을 작성하시오.
   1) 아래 조건으로 피벗 테이블을 작성하시오.
      – 피벗 테이블 보고서 작성 위치 : 새 워크시트
      – 피벗 테이블 레이아웃
        행 레이블 : 지역, Σ 값
        Σ 값 : 2007년, 2008년 (함수:최소값)
      – 시트명은 '피벗'으로 입력

【차트형태】

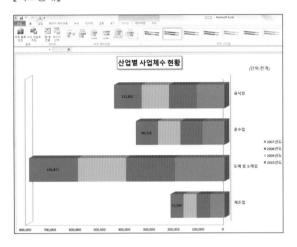

【피벗 테이블 형태】

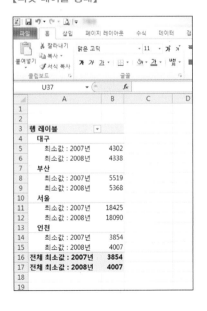

【부분합 형태】

※ 데이터 시트의 A19~D35셀을 이용하여 4번을 작성하시오.

4. 표(A19~D35셀)를 이용하여 부분합을 작성하시오. (부분합 결과는 열 너비를 조절하지 않아도 됨)
   1) 아래 조건으로 부분합을 구하시오.
      − 정렬 : 정렬 기준은 '지역', '내림차순'으로 지정
      − 그룹화할 항목 : 지역
      − 사용할 함수 : 평균
      − 부분합 계산 항목 : 사업체수, 종사자수

【텍스트 나누기 형태】

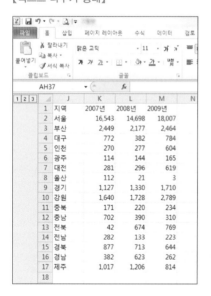

※ 데이터 시트의 J1~J17셀을 이용하여 5번을 작성하시오.

5. 표(J1~J17셀)를 이용하여 텍스트 나누기를 작성하시오.
   1) 아래 조건으로 텍스트 나누기를 작성하시오.
      − 원본 데이터 형식 : 너비가 일정함
      − 열 구분선 : 4개를 지정하여 5열로 나눔
        (구분선 지정 위치 : 4, 13, 19, 25)
      − 열 데이터 서식 : 두 번째 열은 열 가져오지 않음(건너뜀) 지정

▨ 데이터 분석 기능 사용하기

배점 1번(15), 2번(15), 3번(2)

【목표값 형태】

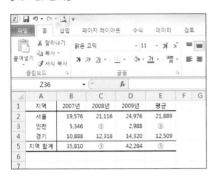

※ 목표값과 시나리오 시트로 1번과 2번을 작성하시오.

1. 목표값 찾기를 이용하여 표(A1~E5)의 지역 합계의 평균이 38,000이 되도록 인천의 2008년 값을 구하시오.
   1) 아래 조건으로 목표값 찾기를 구하시오. (③부분이 변경되어야 함)
      - 수식 셀 : E5(지역 합계 평균)
      - 찾는 값 : 38,000
      - 값을 바꿀 셀 : C3(인천 2008년)

【시나리오 형태】

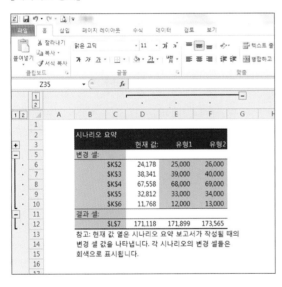

2. 표(H1~L7셀)를 이용하여 합계의 평균(L7)을 위한 시나리오를 작성하시오.
   1) 시나리오 이름 : 유형1, 유형2
   2) 변경 셀 : K2, K3, K4, K5, K6셀

변경 셀	유형1 변경 값	유형2 변경 값
K2	25,000	26,000
K3	39,000	40,000
K4	68,000	69,000
K5	33,000	34,000
K6	12,000	13,000

   3) 보고서 종류 : 시나리오 요약

3. 시트의 순서는 반드시 아래와 같이 하시오. (반드시 지정된 시트만 있어야 함)

   ○○○ ⇨ 산업별사업체수 ⇨ 피벗 ⇨ 데이터 ⇨ 시나리오 요약 ⇨ 목표값과 시나리오

※ 답안 작성 시 주의사항

- 답안문서 파일명은 응시자의 이름으로 저장하십시오.
- 반드시 주어진 자료 및 엑셀의 기능들을 이용하여 [처리사항]대로 답안문서를 작성하십시오.
  ([보기]를 참고하고, 주어진 자료 외 다른 자료 이용 시 감점 처리됩니다.)
- 답안 작성에 필요한 시트 이외에 다른 시트에 내용을 입력한 경우 감점 또는 부정행위의 대상이 됩니다.
- 답안은 반드시 문제에서 지정한 셀에 입력해야 하며, 임의로 셀의 위치를 변경한 경우 감점요인이 됩니다.
- 문제에서 제시된 내용이 중복 작성된 경우 감점요인이 됩니다.
  (예를 들어, 차트가 두 개 이상인 경우)
- 문제에서 지시하지 않은 사항은 프로그램의 기본 설정 값으로 지정하십시오.

※ 제공 데이터

- 주어진 자료를 이용하여 답안문서를 작성하시오.
  (첨부파일보기 클릭 시 자료 페이지 열림)

【보기】 | 【처리사항】

■ 데이터 입력과 수식 작성하기

배점 1번(5), 2번(7), 3번(45), 4번(45)

※ 정보통신현황 시트에 1번부터 4번까지 작성하시오.

【엑셀로 가공한 정보형태】

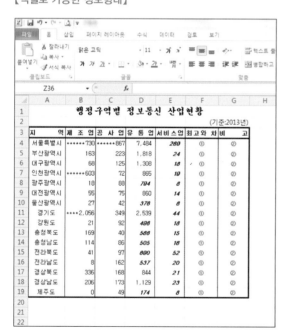

1. F3셀에 '최고와 차', G3셀에 '비고', G2셀에 '(기준:2013년)'을 입력하시오. (G2셀은 가로 오른쪽 맞춤으로 지정)

2. A1셀에 제목을 '행정구역별 정보통신 산업현황'으로 입력하시오.
   1) A1~G1셀을 병합하고 가로 가운데 맞춤으로 지정
   2) 글꼴은 궁서체, 글꼴 크기는 15, 글꼴 스타일은 굵게 지정

3. [엑셀로 가공할 정보형태]의 ①(F4~F19셀) 부분의 최고와 차를 구하시오.
   1) 반드시 MAX, ROUNDDOWN 함수를 모두 이용하여 구하시오.
   2) 반드시 아래 주어진 수식으로 구하고, 구한 값을 일의 자리에서 버림하여 십의 자리까지 나타내시오.
   ※ 최고와 차 = ('서비스업'의 '서울특별시'부터 '제주도'까지의 최대값 − '서비스업'의 각 지역의 값)

4. [엑셀로 가공할 정보형태]의 ②(G4~G19셀) 부분의 비고를 구하시오.
   1) 반드시 OR, IF, MID, RANK.EQ, AVERAGE 함수를 모두 이용하여 구하시오.

2) 반드시 아래 주어진 조건에 따른 참과 거짓의 값으로 나타내시오.
 – 조건 : 각 지역의 세 번째 자리 문자가 '특' 이거나 '광'인 경우
 – 참 : '제조업'을 기준으로 각 지역의 내림차순 순위
 – 거짓 : 각 지역의 '제조업'부터 '서비스업'까지의 평균

【엑셀로 가공한 정보형태】

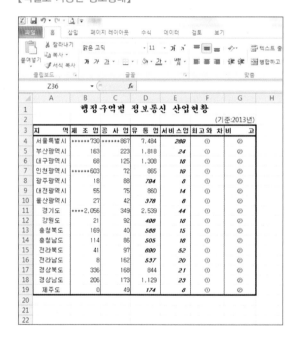

▦ 서식 지정하기

배점 1번(2), 2번(3), 3번(2), 4번(3), 5번(6), 6번(3), 7번(9)

※ 정보통신현황 시트에 1번부터 7번까지 작성하시오.

1. 표(A3~G19셀) 안의 글꼴은 굴림체, 글꼴 크기는 10으로 지정하시오.

2. A3~G3셀은 가로 균등 분할 (들여쓰기) 맞춤으로 지정하고, A4~A19셀, G4~G19셀은 가로 가운데 맞춤으로 지정하시오.

3. A열의 열 너비는 10, B~E열의 열 너비는 8로 지정하시오.

4. A3~G3셀의 글꼴 스타일은 굵게로 지정하시오.

5. B4~C19셀의 수치는 사용자 지정 표시형식을 이용하여 세 자리마다 콤마가 나타나고, 500 이상인 경우 수치 앞에 빈 열 폭만큼 '*'이 나타나도록 지정하고, D4~E19셀의 수치는 숫자 표시형식을 이용하여 세 자리마다 콤마가 나타나고, 음수인 경우 빨강색으로 (1,234)로 나타나도록 지정하시오.

6. D4~E19셀의 수치는 조건부 서식을 이용하여 800 미만인 경우 글꼴 스타일이 굵은 기울임꼴로 나타나도록 지정하시오. (단, 수식을 이용하여 입력 시 감점)

7. 표(A3~G19셀) 윤곽선은 가장 굵은 선, 표 안쪽 세로선은 실선, A3~G3셀의 아래선은 가장 굵은 선이 나타나도록 작성하시오.

▦ 차트 작성과 데이터베이스 기능 사용하기

배점 1번(20), 2번 1)번(6), 2)번(3), 3)번(4), 4)번(4), 5)번(6), 6)번(7), 7)번(6), 8)번(6), 9)번(6), 10)번(6), 11)번(6), 3번(23), 4번(20), 5번(15)

【차트형태】

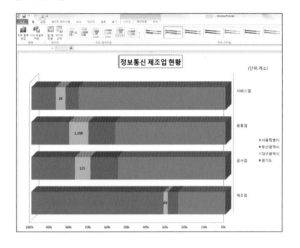

※ 정보통신현황 시트로 1번과 2번을 작성하시오.

1. 자동 필터를 이용하여 '유통업'의 백분율 값이 상위 25%인 자료를 추출하고, 추출한 상태를 복사하여 A21셀부터 붙여 넣으시오. (단, 추출 후 반드시 자동 필터 상태를 유지하시오.)

2. 차트를 작성하시오. (차트는 반드시 지정상태를 확인할 수 있어야 하고, 차트를 두 개 이상 작성하거나 그림, 외부개체로 입력되면 감점됨)
   1) 붙여 넣은(A21셀부터) 자료 중 '최고와 차'와 '비고'를 제외한 자료를 이용하여 차트를 작성
   2) 차트 종류는 '3차원 100% 기준 누적 가로 막대형', 차트 스타일은 '스타일 2'로 지정
   3) 작성한 차트 이동 위치는 '새 시트(S)'에 삽입
   4) 작성한 차트가 있는 시트명은 '○○○(응시자 본인의 이름)'으로 입력
   5) 차트 제목은 [차트 도구]-[디자인]메뉴 [차트 레이아웃] 그룹의 '레이아웃 1'을 '정보통신 제조업 현황'으로 입력하고, 테두리 색은 '실선', 그림자는 미리 설정의 '바깥쪽, 오프셋 왼쪽'을 지정
   6) 기본 가로 축 옵션의 '값을 거꾸로'로 지정하고, 기본 세로 눈금선은 '없음'으로 지정
   7) 데이터 계열 서식의 계열 옵션-간격 깊이를 70%로 지정
   8) 3차원 회전의 회전은 X15°, Y15°로 지정
   9) '대구광역시' 계열의 데이터 레이블 값이 나타나도록 지정
   10) 차트 영역의 **상단 오른쪽**에 [차트형태]와 같이 텍스트 상자를 이용하여 '(단위:개소)'를 입력
   11) [차트형태]와 같이 범례가 나타나도록 지정

【피벗 테이블 형태】

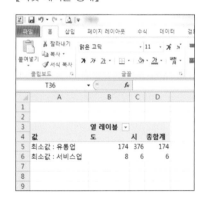

※ 데이터 시트의 A1~D17셀을 이용하여 3번을 작성하시오.

3. 표(A1~D17셀)를 이용하여 피벗 테이블을 작성하시오.
   1) 아래 조건으로 피벗 테이블을 작성하시오.
      – 피벗 테이블 보고서 작성 위치 : 새 워크시트
      – 피벗 테이블 레이아웃
         열 레이블 : 구분
         행 레이블 : Σ 값
         Σ 값 : 유통업, 서비스업 (함수:최소값)
      – 시트명은 '피벗'으로 입력

【부분합 형태】

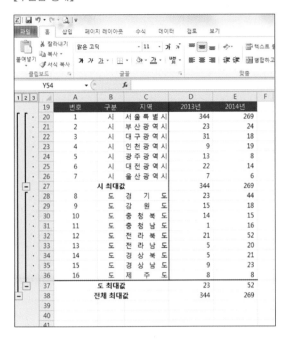

4. 표(A19~E35셀)를 이용하여 부분합을 작성하시오. (부분합 결과는 열 너비를 조절하지 않아도 됨)
   1) 아래 조건으로 부분합을 구하시오.
      – 정렬 : 정렬 기준은 '구분', '내림차순'으로 지정
      – 그룹화할 항목 : 구분
      – 사용할 함수 : 최대값
      – 부분합 계산 항목 : 2013년, 2014년

【텍스트 나누기 형태】

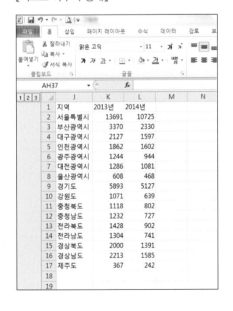

5. 표(J1~J17셀)를 이용하여 텍스트 나누기를 작성하시오.
   1) 아래 조건으로 텍스트 나누기를 작성하시오.
      – 원본 데이터 형식 : 너비가 일정함
      – 열 구분선 : 3개를 지정하여 4열로 나눔
        (구분선 지정 위치 : 10, 14, 20)
      – 열 데이터 서식 : 두 번째 열은 열 가져오지 않음(건너뜀) 지정

▧ 데이터 분석 기능 사용하기

배점 1번(15), 2번(15), 3번(2)

【목표값 형태】

※ 목표값과 시나리오 시트로 1번과 2번을 작성하시오.

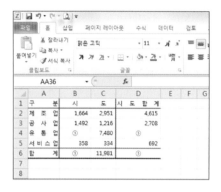

1. 목표값 찾기를 이용하여 표(A1~D6셀)의 시도합계의 합계가 30,000이 되도록 유통업의 시 값을 구하시오.
   1) 아래 조건으로 목표값 찾기를 구하시오. (③부분이 변경되어야 함)
      - 수식 셀 : D6(시도합계 합계)
      - 찾는 값 : 30,000
      - 값을 바꿀 셀 : B4(유통업 시)

【시나리오 형태】

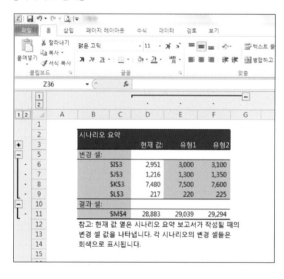

2. 표(H1~M4셀)를 이용하여 **시도합계의 합계(M4)**를 위한 시나리오를 작성하시오.
   1) 시나리오 이름 : 유형1, 유형2
   2) 변경 셀 : I3, J3, K3, L3셀

변경 셀	유형1 변경 값	유형2 변경 값
I3	3,000	3,100
J3	1,300	1,350
K3	7,500	7,600
L3	220	225

   3) 보고서 종류 : 시나리오 요약

3. 시트의 순서는 반드시 아래와 같이 하시오. (반드시 지정된 시트만 있어야 함)

   ○○○ ⇨ 정보통신현황 ⇨ 피벗 ⇨ 데이터 ⇨ 시나리오 요약 ⇨ 목표값과 시나리오

제4회 최신기출문제

※ 답안 작성 시 주의사항

- 답안문서 파일명은 응시자의 이름으로 저장하십시오.
- 반드시 주어진 자료 및 엑셀의 기능들을 이용하여 [처리사항]대로 답안문서를 작성하십시오.

  ([보기]를 참고하고, 주어진 자료 외 다른 자료 이용시 감점 처리됩니다.)

- 답안 작성에 필요한 시트 이외에 다른 시트에 내용을 입력한 경우 감점 또는 부정행위의 대상이 됩니다.
- 답안은 반드시 문제에서 지정한 셀에 입력해야 하며, 임의로 셀의 위치를 변경한 경우 감점요인이 됩니다.
- 문제에서 제시된 내용이 중복 작성된 경우 감점요인이 됩니다.

  (예를 들어, 차트가 두 개 이상인 경우)

- 문제에서 지시하지 않은 사항은 프로그램의 기본 설정 값으로 지정하십시오.

※ 제공 데이터

- 주어진 자료를 이용하여 답안문서를 작성하시오.

  (첨부파일보기 클릭 시 자료 페이지 열림)

【보기】	【처리사항】

■ 데이터 입력과 수식 작성하기

배점 1번(5), 2번(7), 3번(45), 4번(45)

※ 소상공인 시트에 1번부터 4번까지 작성하시오.

1. F3셀에 '평균과 차', G3셀에 '연산', G2셀에 '(단위:퍼센트)'를 입력하시오. (G2셀은 가로 오른쪽 맞춤으로 지정)

2. A1셀에 제목을 '시도별 소상공인 사업체 형태'로 입력하시오.
   1) A1~G1셀을 병합하고 가로 가운데 맞춤으로 지정
   2) 글꼴은 돋움체, 글꼴 크기는 20, 글꼴 스타일은 굵게, 밑줄 지정

【엑셀로 가공한 정보형태】

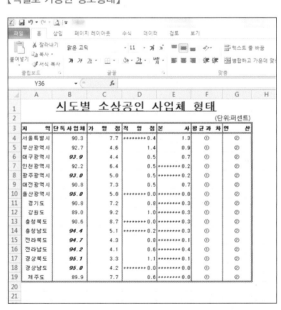

3. [엑셀로 가공할 정보형태]의 ①(F4~F19셀) 부분의 평균과 차를 구하시오.
   1) 반드시 AVERAGE, ROUNDUP 함수를 모두 이용하여 구하시오.
   2) 반드시 아래 주어진 수식으로 구하고, 구한 값을 소수 첫째 자리에서 올림하여 정수로 나타내시오.
   ※ 평균과 차 = ('가맹점'의 각 지역의 값 – '가맹점'의 '서울특별시'부터 '제주도'까지의 평균)

4. [엑셀로 가공할 정보형태]의 ②(G4~G19셀) 부분의 연산을 구하시오.
   1) 반드시 LEN, CHOOSE, MAX, AVERAGE, MIN 함수를 모두 이용하여 구하시오.

2) 연산은 지역의 글자 수에 따라 값을 구하시오.
  - 3인 경우 각 지역의 '단독사업체'부터 '본사'까지의 최대값
  - 4인 경우 각 지역의 '단독사업체'부터 '본사'까지의 평균
  - 5인 경우 각 지역의 '단독사업체'부터 '본사'까지의 최소값

■ 서식 지정하기

배점 1번(2), 2번(3), 3번(2), 4번(3), 5번(6), 6번(3), 7번(9)

【엑셀로 가공한 정보형태】

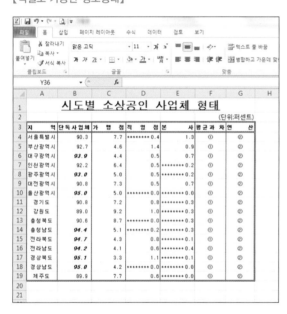

※ 소상공인 시트에 1번부터 7번까지 작성하시오.

1. 표(A3~G19셀) 안의 글꼴은 돋움체, 글꼴 크기는 10으로 지정하시오.

2. A3~G3셀은 가로 균등 분할 (들여쓰기) 맞춤으로 지정하고, A4~A19셀, G4~G19셀은 가로 가운데 맞춤으로 지정하시오.

3. A열의 열 너비는 9, B~E열의 열 너비는 10으로 지정하시오.

4. A3~G3셀의 글꼴 스타일은 굵게로 지정하시오.

5. B4~C19셀의 수치는 숫자 표시형식을 이용하여 소수 첫째 자리까지 나타나고, 음수인 경우 검정색으로 (1234.0)으로 나타나도록 지정하고, D4~E19셀의 수치는 사용자 지정 표시형식을 이용하여 소수 첫째 자리까지 나타나고, 0.5 미만인 경우 수치 앞에 빈 열 폭 만큼 '*'이 나타나도록 지정하시오.

6. B4~C19셀의 수치는 조건부 서식을 이용하여 93.0 이상인 경우 글꼴 스타일이 굵은 기울임꼴로 나타나도록 지정하시오. (단, 수식을 이용하여 입력 시 감점)

7. 표(A3~G19셀) 윤곽선은 이중선, 표 안쪽 세로선은 실선, A3~G3셀의 아래선은 이중선이 나타나도록 작성하시오.

※ 차트 작성과 데이터베이스 기능 사용하기

배점 1번(20), 2번 1)번(6), 2)번(3), 3)번(4), 4)번(5), 5)번(6), 6)번(7),
7)번(6), 8)번(6), 9)번(6), 10)번(6), 11)번(6), 3번(23), 4번(20), 5번(15)

※ 소상공인 시트로 1번과 2번을 작성하시오.

1. 자동 필터를 이용하여 '단독사업체'의 값이 92 미만인 자료를 추출하고, 추출한 상태를 복사하여 A21셀부터 붙여 넣으시오.
   (단, 추출 후 반드시 자동 필터 상태를 유지하시오.)

【차트형태】

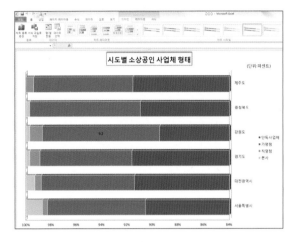

2. 차트를 작성하시오. (차트는 반드시 지정상태를 확인할 수 있어야 하고, 차트를 두 개 이상 작성하거나 그림, 외부개체로 입력되면 감점됨)
   1) 붙여 넣은(A21셀부터) 자료 중 '평균과 차'와 '연산'을 제외한 자료를 이용하여 차트를 작성
   2) 차트 종류는 '3차원 100% 기준 누적 가로 막대형', 차트 스타일은 '스타일 14'로 지정
   3) 작성한 차트 이동 위치는 '새 시트(S)'에 삽입
   4) 작성한 차트가 있는 시트명은 '○○○(응시자 본인의 이름)'으로 입력
   5) 차트 제목은 [차트 도구]−[디자인]메뉴 [차트 레이아웃] 그룹의 '레이아웃 1'을 '시도별 소상공인 사업체 형태'로 입력하고, 테두리 색은 '실선', 그림자는 미리 설정의 '바깥쪽, 오프셋 위쪽'을 지정
   6) 기본 가로 축 옵션의 '값을 거꾸로'로 지정하고, 기본 세로 눈금선은 '없음'으로 지정
   7) 데이터 계열 서식의 계열옵션 − 간격 너비를 60%로 지정
   8) 3차원 회전의 회전은 X5°, Y5°로 지정
   9) '가맹점' 계열 중 '강원도'의 데이터 레이블 값이 나타나도록 지정
   10) 차트 영역의 **상단 오른쪽**에 [차트형태]와 같이 텍스트 상자를 이용하여 '(단위:퍼센트)'를 입력
   11) [차트형태]와 같이 범례가 나타나도록 지정

【피벗 테이블 형태】

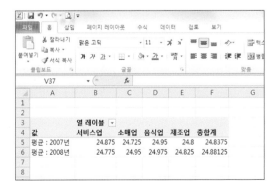

※ 데이터 시트의 A1~D17셀을 이용하여 3번을 작성하시오.

3. 표(A1~D17셀)를 이용하여 피벗 테이블을 작성하시오.
   1) 아래 조건으로 피벗 테이블을 작성하시오.
      − 피벗 테이블 보고서 작성 위치 : 새 워크시트
      − 피벗 테이블 레이아웃
        열 레이블 : 업종
        행 레이블 : Σ 값
        Σ 값 : 2007년, 2008년 (함수:평균)
      − 시트명은 '피벗'으로 입력

【부분합 형태】

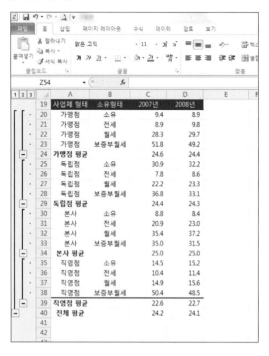

※ 데이터 시트의 A19~D35셀을 이용하여 4번을 작성하시오.

4. 표(A19~D35셀)를 이용하여 부분합을 작성하시오. (부분합 결과는 열 너비를 조절하지 않아도 됨)
   1) 아래 조건으로 부분합을 구하시오.
      – 정렬 : 정렬 기준은 '사업체 형태', '오름차순'으로 지정
      – 그룹화할 항목 : 사업체 형태
      – 사용할 함수 : 평균
      – 부분합 계산 항목 : 2007년, 2008년

【텍스트 나누기 형태】

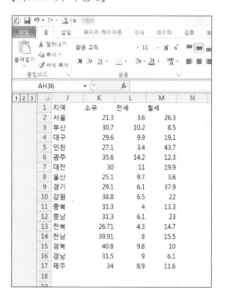

※ 데이터 시트의 J1~J17셀을 이용하여 5번을 작성하시오.

5. 표(J1~J17셀)를 이용하여 텍스트 나누기를 작성하시오.
   1) 아래 조건으로 텍스트 나누기를 작성하시오.
      – 원본 데이터 형식 : 너비가 일정함
      – 열 구분선 : 4개를 지정하여 5열로 나눔
        (구분선 지정 위치 : 4, 10, 15, 20)
      – 열 데이터 서식 : 두 번째 열은 열 가져오지 않음(건너뜀) 지정

▨ 데이터 분석 기능 사용하기

배점 1번(15), 2번(15), 3번(2)

【목표값 형태】

※ 목표값과 시나리오 시트로 1번과 2번을 작성하시오.

1. 목표값 찾기를 이용하여 표(A1~E6셀)의 연령 합계의 합계가 7,000이 되도록 40대의 가맹점 값을 구하시오.
   1) 아래 조건으로 목표값 찾기를 구하시오. (③부분이 변경되어야 함)
      - 수식 셀 : E6(연령 합계 합계)
      - 찾는 값 : 7,000
      - 값을 바꿀 셀 : C4(40대 가맹점)

【시나리오 형태】

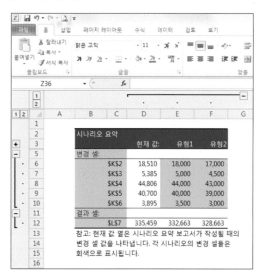

2. 표(H1~L7셀)를 이용하여 **업종 합계의 합계(L7)**를 위한 시나리오를 작성하시오.
   1) 시나리오 이름 : 유형1, 유형2
   2) 변경 셀 : K2, K3, K4, K5, K6셀

변경 셀	유형1 변경 값	유형2 변경 값
K2	18,000	17,000
K3	5,000	4,500
K4	44,000	43,000
K5	40,000	39,000
K6	3,500	3,000

   3) 보고서 종류 : 시나리오 요약

3. 시트의 순서는 반드시 아래와 같이 하시오. (반드시 지정된 시트만 있어야 함)
   ○○○ ⇨ 소상공인 ⇨ 피벗 ⇨ 데이터 ⇨ 시나리오 요약 ⇨ 목표값과 시나리오

제5회 최신기출문제

※ 답안 작성 시 주의사항

- 답안문서 파일명은 응시자의 이름으로 저장하십시오.
- 반드시 주어진 자료 및 엑셀의 기능들을 이용하여 [처리사항]대로 답안문서를 작성하십시오.

  ([보기]를 참고하고, 주어진 자료 외 다른 자료 이용 시 감점 처리됩니다.)
- 답안 작성에 필요한 시트 이외에 다른 시트에 내용을 입력한 경우 감점 또는 부정행위의 대상이 됩니다.
- 답안은 반드시 문제에서 지정한 셀에 입력해야 하며, 임의로 셀의 위치를 변경한 경우 감점요인이 됩니다.
- 문제에서 제시된 내용이 중복 작성된 경우 감점요인이 됩니다.

  (예를 들어, 차트가 두 개 이상인 경우)
- 문제에서 지시하지 않은 사항은 프로그램의 기본 설정 값으로 지정하십시오.

※ 제공 데이터

- 주어진 자료를 이용하여 답안문서를 작성하시오.

  (첨부파일보기 클릭 시 자료 페이지 열림)

【보기】	【처리사항】

【엑셀로 가공한 정보형태】

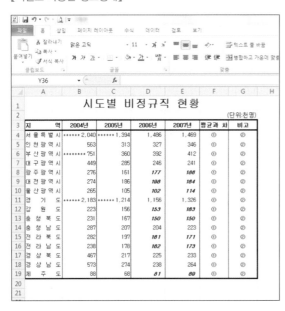

■ 데이터 입력과 수식 작성하기

배점 1번(5), 2번(7), 3번(45), 4번(45)

※ 비정규직 시트에 1번부터 4번까지 작성하시오.

1. F3셀에 '평균과 차', G3셀에 '비고', G2셀에 '(단위:천명)'을 입력하시오. (G2셀은 가로 오른쪽 맞춤으로 지정)

2. A1셀에 제목을 '시도별 비정규직 현황'으로 입력하시오.
   1) A1~G1셀을 병합하고 가로 가운데 맞춤으로 지정
   2) 글꼴은 굴림체, 글꼴 크기는 20, 글꼴 스타일은 굵게 지정

3. [엑셀로 가공할 정보형태]의 ①(F4~F19셀) 부분의 평균과 차를 구하시오.
   1) 반드시 AVERAGE, ROUND 함수를 모두 이용하여 구하시오.
   2) 반드시 아래 주어진 수식으로 구하고, 구한 값을 일의 자리에서 반올림하여 십의 자리까지 나타내시오.
   ※ 평균과 차 = ('2005년'의 각 지역의 값 – '2005년'의 '서울특별시'부터 '제주도'까지의 평균)

4. [엑셀로 가공할 정보형태]의 ②(G4~G19셀) 부분의 비고를 구하시오.
   1) 반드시 LEN, IF, OR, AVERAGE, RANK.EQ 함수를 모두 이용하여 구하시오.

2) 반드시 아래 주어진 조건에 따른 참과 거짓의 값으로 나타내시오.
　　– 조건 : 각 지역의 글자 수가 3 이거나 4인 경우
　　– 참 : 각 지역의 '2004년'부터 '2007년'까지의 평균
　　– 거짓 : '2006년'을 기준으로 각 지역의 내림차순 순위

서식 지정하기

배점 1번(2), 2번(3), 3번(2), 4번(3), 5번(6), 6번(3), 7번(9)

※ 비정규직 시트에 1번부터 7번까지 작성하시오.

1. 표(A3~G19셀) 안의 글꼴은 굴림체, 글꼴 크기는 10으로 지정하시오.

2. A3~A19셀은 가로 균등 분할 (들여쓰기) 맞춤으로 지정하고, B3~G3셀, G4~G19셀은 가로 가운데 맞춤으로 지정하시오.

3. A열의 열 너비는 11, B~E열의 열 너비는 10로 지정하시오.

4. A3~G3셀의 글꼴 스타일은 굵게로 지정하시오.

5. B4~C19셀의 수치는 사용자 지정 표시형식을 이용하여 세 자리마다 콤마가 나타나고, 700 이상인 경우 수치 앞에 빈 열 폭만큼 '*'이 나타나도록 지정하고, D4~E19셀의 수치는 숫자 표시형식을 이용하여 세 자리마다 콤마가 나타나고, 음수인 경우 빨강색으로 (1,234)로 나타나도록 지정하시오.

6. D4~E19셀의 수치는 조건부 서식을 이용하여 200 미만인 경우 글꼴 스타일이 굵은 기울임꼴로 나타나도록 지정하시오. (단, 수식을 이용하여 입력 시 감점)

7. 표(A3~G19셀) 윤곽선은 가장 굵은 선, 표 안쪽 세로선은 실선, A3~G3셀의 아래선은 가장 굵은 선이 나타나도록 작성하시오.

【엑셀로 가공한 정보형태】

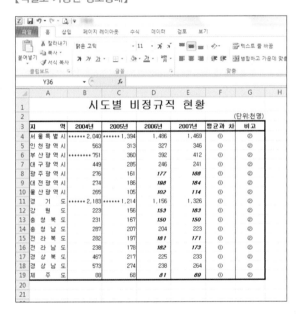

▦ 차트 작성과 데이터베이스 기능 사용하기

배점 1번(20), 2번 1)번(6), 2)번(3), 3)번(4), 4)번(4), 5)번(6), 6)번(7),
7)번(6), 8)번(6), 9)번(6), 10)번(6), 11)번(6), 3번(23), 4번(20), 5번(15)

【차트형태】

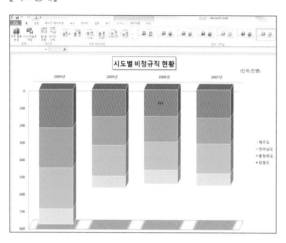

※ 비정규직 시트로 1번과 2번을 작성하시오.

1. 자동 필터를 이용하여 '2004년'의 값이 250 미만인 자료를 추출하고, 추출한 상태를 복사하여 A21셀부터 붙여 넣으시오. (단, 추출 후 반드시 자동 필터 상태를 유지하시오.)

2. 차트를 작성하시오. (차트는 반드시 지정상태를 확인할 수 있어야 하고, 차트를 두 개 이상 작성하거나 그림, 외부개체로 입력되면 감점됨)
   1) 붙여 넣은(A21셀부터) 자료 중 '평균과 차'와 '비고'를 제외한 자료를 이용하여 차트를 작성
   2) 차트 종류는 '3차원 누적 세로 막대형', 차트 스타일은 '스타일 15'로 지정
   3) 작성한 차트 이동 위치는 '새 시트(S)'에 삽입
   4) 작성한 차트가 있는 시트명은 '○○○(응시자 본인의 이름)'으로 입력
   5) 차트 제목은 [차트 도구]－[디자인]메뉴 [차트 레이아웃] 그룹의 '레이아웃 1'을 '시도별 비정규직 현황'으로 입력하고, 테두리 색은 '실선', 그림자는 미리 설정의 '바깥쪽, 오프셋 대각선 오른쪽 아래'를 지정
   6) 기본 세로 축 옵션의 '값을 거꾸로'로 지정하고, 기본 가로 눈금선은 '없음'으로 지정
   7) 3차원 회전 차트 배율의 깊이(%)는 '50'으로 지정
   8) 3차원 회전의 회전은 X10°, Y20° 로 지정
   9) '강원도' 계열 중 '2006년'의 데이터 레이블 값이 나타나도록 지정
   10) 차트 영역의 **상단 오른쪽**에 [차트형태]와 같이 텍스트 상자를 이용하여 '(단위:천명)'을 입력
   11) [차트형태]와 같이 범례가 나타나도록 지정

【피벗 테이블 형태】

※ 데이터 시트의 A1~D17셀을 이용하여 3번을 작성하시오.

3. 표(A1~D17셀)를 이용하여 피벗 테이블을 작성하시오.
   1) 아래 조건으로 피벗 테이블을 작성하시오.
      – 피벗 테이블 보고서 작성 위치 : 새 워크시트
      – 피벗 테이블 레이아웃
        행 레이블 : 구분, Σ 값
        Σ 값 : 남, 여 (함수:평균)
      – 시트명 '피벗'으로 입력

【부분합 형태】

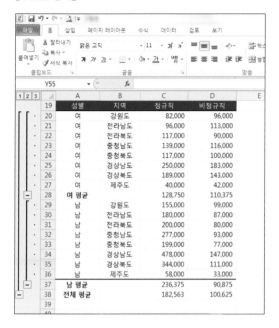

※ 데이터 시트의 A19~D35셀을 이용하여 4번을 작성하시오.

4. 표(A19~D35셀)를 이용하여 부분합을 작성하시오. (부분합 결과는 열 너비를 조절하지 않아도 됨)
   1) 아래 조건으로 부분합을 구하시오.
      - 정렬 : 정렬 기준은 '성별', '내림차순'으로 지정
      - 그룹화할 항목 : 성별
      - 사용할 함수 : 평균
      - 부분합 계산 항목 : 정규직, 비정규직

【텍스트 나누기 형태】

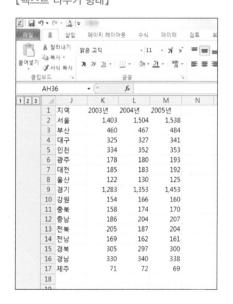

※ 데이터 시트의 J1~J17셀을 이용하여 5번을 작성하시오.

5. 표(J1~J17셀)를 이용하여 텍스트 나누기를 작성하시오.
   1) 아래 조건으로 텍스트 나누기를 작성하시오.
      - 원본 데이터 형식 : 너비가 일정함
      - 열 구분선 : 4개를 지정하여 5열로 나눔
        (구분선 지정 위치 : 4, 8, 14, 20)
      - 열 데이터 서식 : 두 번째 열은 열 가져오지 않음(건너뜀) 지정

■ 데이터 분석 기능 사용하기

배점 1번(15), 2번(15), 3번(2)

※ 목표값과 시나리오 시트로 1번과 2번을 작성하시오.

【목표값 형태】

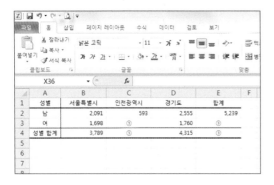

1. 목표값 찾기를 이용하여 표(A1~E4셀)의 성별 합계의 합계가 10,000이 되도록 여의 인천광역시 값을 구하시오.
   1) 아래 조건으로 목표값 찾기를 구하시오. (③부분이 변경되어야 함)
      – 수식 셀 : E4(성별 합계 합계)
      – 찾는 값 : 10,000
      – 값을 바꿀 셀 : C3(여 인천광역시)

【시나리오 형태】

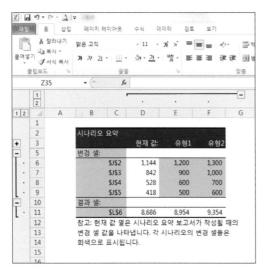

2. 표(H1~L6셀)를 이용하여 지역 합계의 합계(L6)을 위한 시나리오를 작성하시오.
   1) 시나리오 이름 : 유형1, 유형2
   2) 변경 셀 : J2, J3, J4, J5셀

변경 셀	유형1 변경 값	유형2 변경 값
J2	1,200	1,300
J3	900	1,000
J4	600	700
J5	500	600

   3) 보고서 종류 : 시나리오 요약

3. 시트의 순서는 반드시 아래와 같이 하시오. (반드시 지정된 시트만 있어야 함)
   ○○○ ⇨ 비정규직 ⇨ 피벗 ⇨ 데이터 ⇨ 시나리오 요약 ⇨ 목표값과 시나리오

제6회 최신기출문제

※ 답안 작성 시 주의사항

- 답안문서 파일명은 응시자의 이름으로 저장하십시오.
- 반드시 주어진 자료 및 엑셀의 기능들을 이용하여 [처리사항]대로 답안문서를 작성하십시오.
  ([보기]를 참고하고, 주어진 자료 외 다른 자료 이용시 감점 처리됩니다.)
- 답안 작성에 필요한 시트 이외에 다른 시트에 내용을 입력한 경우 감점 또는 부정행위의 대상이 됩니다.
- 답안은 반드시 문제에서 지정한 셀에 입력해야 하며, 임의로 셀의 위치를 변경한 경우 감점요인이 됩니다.
- 문제에서 제시된 내용이 중복 작성된 경우 감점요인이 됩니다.
  (예를 들어, 차트가 두 개 이상인 경우)
- 문제에서 지시하지 않은 사항은 프로그램의 기본 설정 값으로 지정하십시오.

※ 제공 데이터

- 주어진 자료를 이용하여 답안문서를 작성하시오.
  (첨부파일보기 클릭 시 자료 페이지 열림)

【보기】	【처리사항】

【엑셀로 가공한 정보형태】

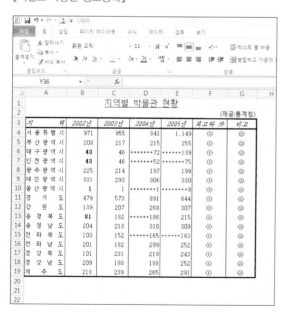

■ 데이터 입력과 수식 작성하기

배점 1번(5), 2번(7), 3번(45), 4번(45)

※ 박물관현황 시트에 1번부터 4번까지 작성하시오.

1. F3셀에 '최고와 차', G3셀에 '비고', G2셀에 '(제공:통계청)'을 입력하시오. (G2셀은 가로 오른쪽 맞춤으로 지정)

2. A1셀에 제목을 '지역별 박물관 현황'으로 입력하시오.
   1) A1~G1셀을 병합하고 가로 가운데 맞춤으로 지정
   2) 글꼴은 돋움체, 글꼴 크기는 15, 글꼴 스타일은 밑줄 지정

3. [엑셀로 가공할 정보형태]의 ①(F4~F19셀) 부분의 최고와 차를 구하시오.
   1) 반드시 MAX, ROUNDDOWN 함수를 모두 이용하여 구하시오.
   2) 반드시 아래 주어진 수식으로 구하고, 구한 값을 십의 자리에서 버림하여 백의 자리까지 나타내시오.
   ※ 최고와 차 = ('2005년'의 '서울특별시'부터 '제주도'까지의 최대값 - '2005년'의 각 지역의 값)

4. [엑셀로 가공할 정보형태]의 ②(G4~G19셀) 부분의 비고를 구하시오.
   1) 반드시 SUM, IF, REPLACE, RIGHT 함수를 모두 이용하여 구하시오.

2) 반드시 아래 주어진 조건에 따른 참과 거짓의 값으로 나타내시오.
- 조건 : 각 지역의 오른쪽 첫 번째 문자가 '시'
- 참 : 각 지역의 세 번째와 네 번째 문자가 나타나지 않도록 대체
- 거짓 : 각 지역의 '2002년'부터 '2005년'까지의 합계

【엑셀로 가공한 정보형태】

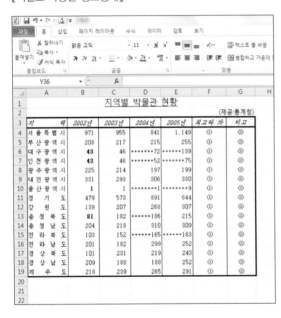

■ 서식 지정하기

배점 1번(2), 2번(3), 3번(2), 4번(3), 5번(6), 6번(3), 7번(9)

※ 박물관현황 시트에 1번부터 7번까지 작성하시오.

1. 표(A3~G19셀) 안의 글꼴은 바탕체, 글꼴 크기는 11로 지정하시오.

2. A3~A19셀은 가로 균등 분할 (들여쓰기) 맞춤으로 지정하고, B3~G3셀, G4~G19셀은 가로 가운데 맞춤으로 지정하시오.

3. A열의 열 너비는 12, B~E열의 열 너비는 9로 지정하시오.

4. A3~G3셀의 글꼴 스타일은 기울임으로 지정하시오.

5. B4~C19셀의 수치는 숫자 표시형식을 이용하여 세 자리마다 콤마가 나타나고, 음수인 경우 빨강색으로 (1,234)로 나타나도록 지정하고, D4~E19셀의 수치는 사용자 지정 표시형식을 이용하여 세 자리마다 콤마가 나타나고, 188 미만인 경우 수치 앞에 빈 열 폭 만큼 '*'이 나타나도록 지정하시오.

6. B4~B19셀의 수치는 조건부 서식을 이용하여 101 미만인 경우 글꼴 스타일이 굵게 나타나도록 지정하시오. (단, 수식을 이용하여 입력 시 감점)

7. 표(A3~G19셀) 윤곽선은 가장 굵은 선, 표 안쪽 세로선은 실선, A3~G3셀의 아래선은 가장 굵은 선이 나타나도록 작성하시오.

■ 차트 작성과 데이터베이스 기능 사용하기

배점 1번(20), 2번 1)번(6), 2)번(3), 3)번(4), 4)번(4), 5)번(6), 6)번(7),
7)번(6), 8)번(6), 9)번(6), 10)번(6), 11)번(6), 3번(23), 4번(20), 5번(15)

【차트형태】

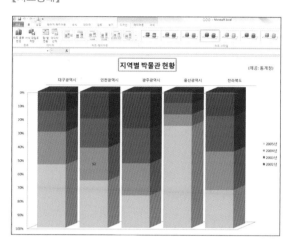

※ 박물관현황 시트로 1번과 2번을 작성하시오.

1. 자동 필터를 이용하여 '2005년'의 값이 순위가 하위 1위부터 5위
   인 자료를 추출하고, 추출한 상태를 복사하여 A21셀부터 붙여 넣
   으시오. (단, 추출 후 반드시 자동 필터 상태를 유지하시오.)

2. 차트를 작성하시오. (차트는 반드시 지정상태를 확인할 수 있어
   야 하고, 차트를 두 개 이상 작성하거나 그림, 외부개체로 입력되
   면 감점됨)
   1) 붙여 넣은(A21셀부터) 자료 중 '최고와 차'와 '비고'를 제외한 자
      료를 이용하여 차트를 작성
   2) 차트 종류는 '3차원 100% 기준 누적 세로 막대형', 차트 스타일
      은 '스타일 4'로 지정
   3) 작성한 차트 이동 위치는 '새 시트(S)'에 삽입
   4) 작성한 차트가 있는 시트명은 '○○○(응시자 본인의 이름)'으로
      입력
   5) 차트 제목은 [차트 도구]-[디자인]메뉴 [차트 레이아웃] 그룹의
      '레이아웃 1'을 '지역별 박물관 현황'으로 입력하고, 테두리 색은
      '실선', 그림자는 미리 설정의 '바깥쪽, 오프셋 가운데'를 지정
   6) 기본 세로 축 옵션의 '값을 거꾸로'로 지정하고, 기본 가로 눈금
      선은 '없음'으로 지정
   7) 데이터 계열 서식의 계열옵션 – 간격 너비를 50%로 지정
   8) 3차원 회전의 회전은 X25°, Y10°로 지정
   9) '2004년' 계열 중 '인천광역시'의 데이터 레이블 값이 나타나도
      록 지정
   10) 차트 영역의 **상단 오른쪽**에 [차트형태]와 같이 텍스트 상자를
       이용하여 '(제공:통계청)'을 입력
   11) [차트형태]와 같이 범례가 나타나도록 지정

【피벗 테이블 형태】

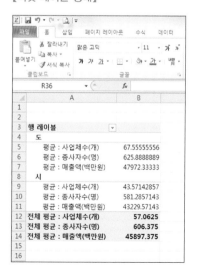

※ 데이터 시트의 A1~E17셀을 이용하여 3번을 작성하시오.

3. 표(A1~E17셀)를 이용하여 피벗 테이블을 작성하시오.
   1) 아래 조건으로 피벗 테이블을 작성하시오.
      – 피벗 테이블 보고서 작성 위치 : 새 워크시트
      – 피벗 테이블 레이아웃
        행 레이블 : 구분, Σ 값
        Σ 값 : 사업체수(개), 종사자수(명), 매출액(백만원) (함수:
        평균)
      – 시트명은 '피벗'으로 입력

【부분합 형태】

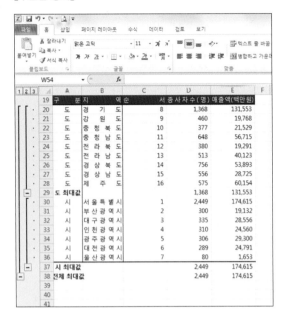

※ 데이터 시트의 A19~E35셀을 이용하여 4번을 작성하시오.

4. 표(A19~E35셀)를 이용하여 부분합을 작성하시오. (부분합 결과는 열 너비를 조절하지 않아도 됨)

　　1) 아래 조건으로 부분합을 구하시오.
　　　　- 정렬 : 정렬 기준은 '구분', '오름차순'으로 지정
　　　　- 그룹화할 항목 : 구분
　　　　- 사용할 함수 : 최대값
　　　　- 부분합 계산 항목 : 종사자수(명), 매출액(백만원)

【텍스트 나누기 형태】

※ 데이터 시트의 J1~J17셀을 이용하여 5번을 작성하시오.

5. 표(J1~J17셀)를 이용하여 텍스트 나누기를 작성하시오.

　　1) 아래 조건으로 텍스트 나누기를 작성하시오.
　　　　- 원본 데이터 형식 : 너비가 일정함
　　　　- 열 구분선 : 4개를 지정하여 5열로 나눔
　　　　　(구분선 지정 위치 : 10, 14, 26, 40)
　　　　- 열 데이터 서식 : 두 번째 열은 열 가져오지 않음(건너뜀) 지정

※ 데이터 분석 기능 사용하기

배점 1번(15), 2번(15), 3번(2)

※ 목표값과 시나리오 시트로 1번과 2번을 작성하시오.

【목표값 형태】

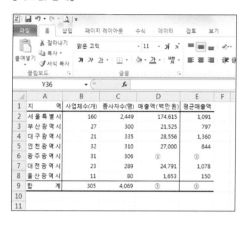

1. 목표값 찾기를 이용하여 표(A1~E9셀)의 평균매출액의 합계가 1,000이 되도록 광주광역시의 매출액(백만원)의 값을 구하시오.

　1) 아래 조건으로 목표값 찾기를 구하시오. (③부분이 변경되어야 함)
　　－ 수식 셀 : E9(평균매출액 합계)
　　－ 찾는 값 : 1,000
　　－ 값을 바꿀 셀 : D6(광주광역시 매출액(백만원))

【시나리오 형태】

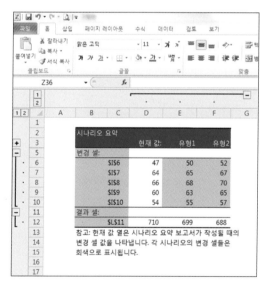

2. 표(H1~L11셀)를 이용하여 **평균매출액의 합계(L11)**를 위한 시나리오를 작성하시오.

　1) 시나리오 이름 : 유형1, 유형2
　2) 변경 셀 : I6, I7, I8, I9, I10셀

변경 셀	유형1 변경 값	유형2 변경 값
I6	50	52
I7	65	67
I8	68	70
I9	63	65
I10	55	57

　3) 보고서 종류 : 시나리오 요약

3. 시트의 순서는 반드시 아래와 같이 하시오. (반드시 지정된 시트만 있어야 함)

　　○○○ ⇨ 박물관현황 ⇨ 피벗 ⇨ 데이터 ⇨ 시나리오 요약
　　⇨ 목표값과 시나리오

제7회 최신기출문제

※ 답안 작성 시 주의사항

- 답안문서 파일명은 응시자의 이름으로 저장하십시오.
- 반드시 주어진 자료 및 엑셀의 기능들을 이용하여 [처리사항]대로 답안문서를 작성하십시오.
  ([보기]를 참고하고, 주어진 자료 외 다른 자료 이용 시 감점 처리됩니다.)
- 답안 작성에 필요한 시트 이외에 다른 시트에 내용을 입력한 경우 감점 또는 부정행위의 대상이 됩니다.
- 답안은 반드시 문제에서 지정한 셀에 입력해야 하며, 임의로 셀의 위치를 변경한 경우 감점요인이 됩니다.
- 문제에서 제시된 내용이 중복 작성된 경우 감점요인이 됩니다.
  (예를 들어, 차트가 두 개 이상인 경우)
- 문제에서 지시하지 않은 사항은 프로그램의 기본 설정 값으로 지정하십시오.

※ 제공 데이터

- 주어진 자료를 이용하여 답안문서를 작성하시오.
  (첨부파일보기 클릭 시 자료 페이지 열림)

【보기】	【처리사항】

■ 데이터 입력과 수식 작성하기

배점 1번(5), 2번(7), 3번(45), 4번(45)

※ 종량제 시트에 1번부터 4번까지 작성하시오.

1. F3셀에 '차지율(%)', G3셀에 '비고', G2셀에 '(단위:개소)'를 입력하시오. (G2셀은 가로 오른쪽 맞춤으로 지정)

【엑셀로 가공한 정보형태】

2. A1셀에 제목을 '쓰레기 종량제 현황'으로 입력하시오.
   1) A1~G1셀을 병합하고 가로 가운데 맞춤으로 지정
   2) 글꼴은 돋움체, 글꼴 크기는 15, 글꼴 스타일은 굵게 지정

3. [엑셀로 가공할 정보형태]의 ①(F4~F19셀) 부분의 차지율(%)을 구하시오.
   1) 반드시 ROUNDUP, SUM 함수를 모두 이용하여 구하시오.
   2) 반드시 아래 주어진 수식으로 구하고, 구한 값을 소수 둘째 자리에서 올림하여 소수 첫째 자리까지 나타내시오.
   ※ 차지율(%) = ('2010년'의 각 지역의 값 / '2010년'의 '서울특별시' 부터 '제주도'까지의 합계*100)

4. [엑셀로 가공할 정보형태]의 ②(G4~G19셀) 부분의 비고를 구하시오.
   1) 반드시 AVERAGE, CHOOSE, LEN, MAX, SUM 함수를 모두 이용하여 구하시오.

2) 비고는 지역의 글자 수에 따라 값을 구하시오.
　　– 3인 경우 각 지역의 '2007년'부터 '2010년'까지의 최대값
　　– 4인 경우 각 지역의 '2007년'부터 '2010년'까지의 합계
　　– 5인 경우 각 지역의 '2007년'부터 '2010년'까지의 평균

■ 서식 지정하기

배점 1번(2), 2번(3), 3번(2), 4번(3), 5번(6), 6번(3), 7번(9)

【엑셀로 가공한 정보형태】

※ 종량제 시트에 1번부터 7번까지 작성하시오.

1. 표(A3~G19셀) 안의 글꼴은 돋움체, 글꼴 크기는 10으로 지정하시오.

2. A3~A19셀은 가로 균등 분할 (들여쓰기) 맞춤으로 지정하고, B3~G3셀, G4~G19셀은 가로 가운데 맞춤으로 지정하시오.

3. A열의 열 너비는 12, B~E열의 열 너비는 9로 지정하시오.

4. A3~G3셀의 글꼴 스타일은 굵게로 지정하시오.

5. B4~C19셀의 수치는 숫자 표시형식을 이용하여 세 자리마다 콤마가 나타나고, 음수인 경우 빨강색으로 1,234로 나타나도록 지정하고, D4~E19셀의 수치는 사용자 지정 표시형식을 이용하여 세 자리마다 콤마가 나타나고, 617,119 미만인 경우 수치 앞에 빈 열 폭 만큼 '*'이 나타나도록 지정하시오.

6. B4~C19셀의 수치는 조건부 서식을 이용하여 995,712 초과인 경우 글꼴 스타일이 굵게 나타나도록 지정하시오. (단, 수식을 이용하여 입력 시 감점)

7. 표(A3~G19셀) 윤곽선은 이중선, 표 안쪽 세로선은 실선, A3~G3셀의 아래 선은 이중선이 나타나도록 작성하시오.

※ 차트 작성과 데이터베이스 기능 사용하기

배점 1번(20), 2번 1)번(6), 2)번(3), 3)번(4), 4)번(4), 5)번(6), 6)번(7), 7)번(6), 8)번(6), 9)번(6), 10)번(6), 11)번(6), 3번(23), 4번(20), 5번(15)

※ 종량제 시트로 1번과 2번을 작성하시오.

1. 자동 필터를 이용하여 '2010년'의 순위가 하위 1위부터 5위인 자료를 추출하고, 추출한 상태를 복사하여 A21셀부터 붙여 넣으시오. (단, 추출 후 반드시 자동 필터 상태를 유지하시오.)

2. 차트를 작성하시오. (차트는 반드시 지정상태를 확인할 수 있어야 하고, 차트를 두 개 이상 작성하거나 그림, 외부개체로 입력되면 감점됨)
   1) 붙여 넣은(A21셀부터) 자료 중 '차지율(%)'과 '비고'를 제외한 자료를 이용하여 차트를 작성
   2) 차트 종류는 '3차원 누적 가로 막대형', 차트 스타일은 '스타일 2'로 지정
   3) 작성한 차트 이동 위치는 '새 시트(S)'에 삽입
   4) 작성한 차트가 있는 시트명은 '○○○(응시자 본인의 이름)'으로 입력
   5) 차트 제목은 [차트 도구]-[디자인]메뉴 [차트 레이아웃] 그룹의 '레이아웃 1'을 '쓰레기 종량제 현황'으로 입력하고, 테두리 색은 '실선', 그림자는 미리 설정의 '바깥쪽, 오프셋 대각선 오른쪽 아래'를 지정
   6) 기본 가로 축 옵션의 '값을 거꾸로'로 지정하고, 기본 세로 눈금선은 '없음'으로 지정
   7) 데이터 계열 서식의 계열 옵션-간격 너비를 70%로 지정
   8) 3차원 회전의 회전은 X10°, Y10°로 지정
   9) '충청북도' 계열의 데이터 레이블 값이 나타나도록 지정
   10) 차트 영역의 **상단 오른쪽**에 [차트형태]와 같이 텍스트 상자를 이용하여 '(단위:개소)'를 입력
   11) [차트형태]와 같이 범례가 나타나도록 지정

【차트형태】

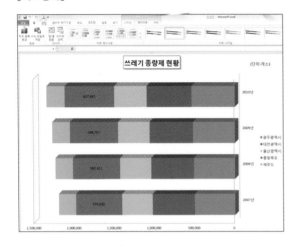

【피벗 테이블 형태】

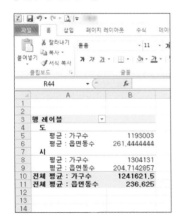

※ 데이터 시트의 A1~D17셀을 이용하여 3번을 작성하시오.

3. 표(A1~D17셀)를 이용하여 피벗 테이블을 작성하시오.
   1) 아래 조건으로 피벗 테이블을 작성하시오.
      - 피벗 테이블 보고서 작성 위치 : 새 워크시트
      - 피벗 테이블 레이아웃
        행 레이블 : 구분, Σ 값
        Σ 값 : 가구수, 읍면동수 (함수:평균)
      - 시트명은 '피벗'으로 입력

【부분합 형태】

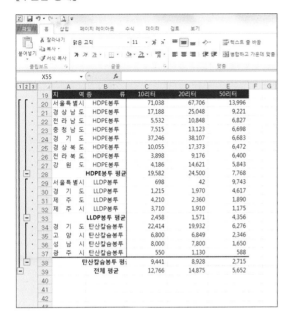

※ 데이터 시트의 A19~E35셀을 이용하여 4번을 작성하시오.

4. 표(A19~E35셀)를 이용하여 부분합을 작성하시오. (부분합 결과는 열 너비를 조절하지 않아도 됨)
   1) 아래 조건으로 부분합을 구하시오.
      – 정렬 : 정렬 기준은 '종류', '오름차순'으로 지정
      – 그룹화할 항목 : 종류
      – 사용할 함수 : 평균
      – 부분합 계산 항목 : 10리터, 20리터, 50리터

【텍스트 나누기 형태】

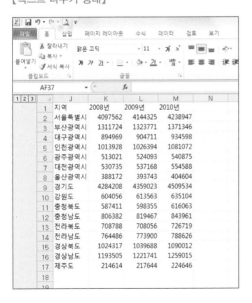

※ 데이터 시트의 J1~J17셀을 이용하여 5번을 작성하시오.

5. 표(J1~J17셀)를 이용하여 텍스트 나누기를 작성하시오.
   1) 아래 조건으로 텍스트 나누기를 작성하시오.
      – 원본 데이터 형식 : 너비가 일정함
      – 열 구분선 : 4개를 지정하여 5열로 나눔
      (구분선 지정 위치 : 10, 16, 23, 30)
      – 열 데이터 서식 : 두 번째 열은 열 가져오지 않음(건너뜀) 지정

데이터 분석 기능 사용하기

배점 1번(15), 2번(15), 3번(2)

※ 목표값과 시나리오 시트로 1번과 2번을 작성하시오.

【목표값 형태】

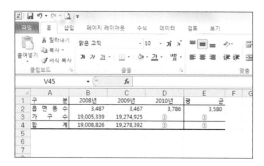

1. 목표값 찾기를 이용하여 표(A1~E4셀)의 합계의 평균이 19,350,000이 되노록 가구수의 2010년 값을 구하시오.
   1) 아래 조건으로 목표값 찾기를 구하시오. (③부분이 변경되어야 함)
      - 수식 셀 : E4(합계 평균)
      - 찾는 값 : 19,350,000
      - 값을 바꿀 셀 : D3(가구수 2010년)

【시나리오 형태】

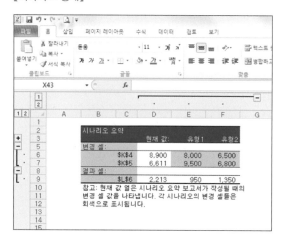

2. 표(H1~L6셀)를 이용하여 **비용차액의 평균(L6)**을 위한 시나리오를 작성하시오.
   1) 시나리오 이름 : 유형1, 유형2
   2) 변경 셀 : K4, K5셀

변경 셀	유형1 변경 값	유형2 변경 값
K4	8,000	6,500
K5	9,500	6,800

   3) 보고서 종류 : 시나리오 요약

3. 시트의 순서는 반드시 아래와 같이 하시오. (반드시 지정된 시트만 있어야 함)
   ○○○ ⇨ 종량제 ⇨ 피벗 ⇨ 데이터 ⇨ 시나리오 요약 ⇨ 목표값과 시나리오

제8회 최신기출문제

※ 답안 작성 시 주의사항

- 답안문서 파일명은 응시자의 이름으로 저장하십시오.
- 반드시 주어진 자료 및 엑셀의 기능들을 이용하여 [처리사항]대로 답안문서를 작성하십시오.

  ([보기]를 참고하고, 주어진 자료 외 다른 자료 이용시 감점 처리됩니다.)
- 답안 작성에 필요한 시트 이외에 다른 시트에 내용을 입력한 경우 감점 또는 부정행위의 대상이 됩니다.
- 답안은 반드시 문제에서 지정한 셀에 입력해야 하며, 임의로 셀의 위치를 변경한 경우 감점요인이 됩니다.
- 문제에서 제시된 내용이 중복 작성된 경우 감점요인이 됩니다.

  (예를 들어, 차트가 두 개 이상인 경우)
- 문제에서 지시하지 않은 사항은 프로그램의 기본 설정 값으로 지정하십시오.

※ 제공 데이터

- 주어진 자료를 이용하여 답안문서를 작성하시오.

  (첨부파일보기 클릭 시 자료 페이지 열림)

【보기】	【처리사항】

■ 데이터 입력과 수식 작성하기

배점 1번(5), 2번(7), 3번(45), 4번(45)

※ 환승여객 시트에 1번부터 4번까지 작성하시오.

1. F3셀에 '최고와 차', G3셀에 '비고', G2셀에 '(단위:천명)'을 입력하시오. (G2셀은 가로 오른쪽 맞춤으로 지정)

【엑셀로 가공한 정보형태】

2. A1셀에 제목을 '인천공항 환승여객 현황'으로 입력하시오.
   1) A1~G1셀을 병합하고 가로 가운데 맞춤으로 지정
   2) 글꼴은 궁서체, 글꼴 크기는 15, 글꼴 스타일은 굵게 지정

3. [엑셀로 가공할 정보형태]의 ①(F4~F19셀) 부분의 최고와 차를 구하시오.
   1) 반드시 MAX, ROUNDDOWN 함수를 모두 이용하여 구하시오.
   2) 반드시 아래 주어진 수식으로 구하고, 구한 값을 일의 자리에서 버림하여 십의 자리까지 나타내시오.
   ※ 최고와 차 = (각 구분의 '2004년'부터 '2007년'까지의 최고값 − 각 구분의 '2007년'의 값)

4. [엑셀로 가공할 정보형태]의 ②(G4~G19셀) 부분의 비고를 구하시오.
   1) 반드시 AVERAGE, IF, RANK.EQ, RIGHT 함수를 모두 이용하여 구하시오.

2) 반드시 아래 주어진 조건에 따른 참과 거짓의 값으로 나타내시오.
  - 조건 : 각 구분의 오른쪽 두 자리 문자가 '전체'인 경우
  - 참 : '2007년'을 기준으로 각 구분의 내림차순 순위
  - 거짓 : 각 구분의 '2004년'부터 '2007년'까지의 평균

▧ 서식 지정하기

배점 1번(2), 2번(3), 3번(2), 4번(3), 5번(6), 6번(3), 7번(9)

※ 환승여객 시트에 1번부터 7번까지 작성하시오.

1. 표(A3~G19셀) 안의 글꼴은 굴림체, 글꼴 크기는 10으로 지정하시오.

2. A3~A19셀은 가로 균등 분할 (들여쓰기) 맞춤으로 지정하고, B3~G3셀, F4~G19셀은 가로 가운데 맞춤으로 지정하시오.

3. A열의 열 너비는 8, B~E열의 열 너비는 9로 지정하시오.

4. A3~G3셀의 글꼴 스타일은 굵게로 지정하시오.

5. B4~C19셀의 수치는 숫자 표시형식을 이용하여 세 자리마다 콤마가 나타나고, 음수인 경우 빨강색으로 1,234로 나타나도록 지정하고, D4~E19셀의 수치는 사용자 지정 표시형식을 이용하여 세 자리마다 콤마가 나타나고, 999 미만인 경우 수치 앞에 빈 열 폭 만큼 '*'이 나타나도록 지정하시오.

6. E4~E19셀의 수치는 조건부 서식을 이용하여 393 이하인 경우 글꼴 스타일이 굵게 나타나도록 지정하시오. (단, 수식을 이용하여 입력 시 감점)

7. 표(A3~G19셀) 윤곽선은 가장 굵은 선, 표 안쪽 세로선은 실선, A3~G3셀의 아래 선은 가장 굵은 선이 나타나도록 작성하시오.

【엑셀로 가공한 정보형태】

■ 차트 작성과 데이터베이스 기능 사용하기

배점 1번(20), 2번 1)번(6), 2)번(3), 3)번(4), 4)번(4), 5)번(6), 6)번(7), 7)번(6), 8)번(6), 9)번(6), 10)번(6), 11)번(6), 3번(23), 4번(20), 5번(15)

【차트형태】

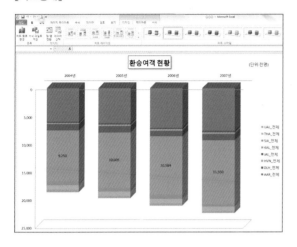

※ 환승여객 시트로 1번과 2번을 작성하시오.

1. 자동 필터를 이용하여 '구분'의 값이 '전체'를 포함하는 경우인 자료를 추출하고, 추출한 상태를 복사하여 A21셀부터 붙여 넣으시오. (단, 추출 후 반드시 자동 필터 상태를 유지하시오.)

2. 차트를 작성하시오. (차트는 반드시 지정상태를 확인할 수 있어야 하고, 차트를 두 개 이상 작성하거나 그림, 외부개체로 입력되면 감점됨)
   1) 붙여 넣은(A21셀부터) 자료 중 '최고와 차'와 '비고'를 제외한 자료를 이용하여 차트를 작성
   2) 차트 종류는 '3차원 누적 세로 막대형', 차트 스타일은 '스타일 2'로 지정
   3) 작성한 차트 이동 위치는 '새 시트(S)'에 삽입
   4) 작성한 차트가 있는 시트명은 '○○○(응시자 본인의 이름)'으로 입력
   5) 차트 제목은 [차트 도구]-[디자인]메뉴 [차트 레이아웃] 그룹의 '레이아웃 1'을 '환승여객 현황'으로 입력하고, 테두리 색은 '실선', 그림자는 미리 설정의 '바깥쪽, 오프셋 대각선 오른쪽 아래'를 지정
   6) 기본 세로 축 옵션의 '값을 거꾸로'로 지정하고, 기본 가로 눈금선은 '없음'으로 지정
   7) 데이터 계열 서식의 계열 옵션-간격 너비를 60%로 지정
   8) 3차원 회전의 회전은 X10°, Y10°로 지정
   9) 'KAL_전체' 계열의 데이터 레이블 값이 나타나도록 지정
   10) 차트 영역의 **상단 오른쪽**에 [차트형태]와 같이 텍스트 상자를 이용하여 '(단위:천명)'을 입력
   11) [차트형태]와 같이 범례가 나타나도록 지정

【피벗 테이블 형태】

※ 데이터 시트의 A1~E17셀을 이용하여 3번을 작성하시오.

3. 표(A1~E17셀)를 이용하여 피벗 테이블을 작성하시오.
   1) 아래 조건으로 피벗 테이블을 작성하시오.
      - 피벗 테이블 보고서 작성 위치 : 새 워크시트
      - 피벗 테이블 레이아웃
        행 레이블 : 지역, Σ 값
        Σ 값 : 2005년, 2006년, 2007년 (함수:평균)
      - 시트명은 '피벗'으로 입력

【부분합 형태】

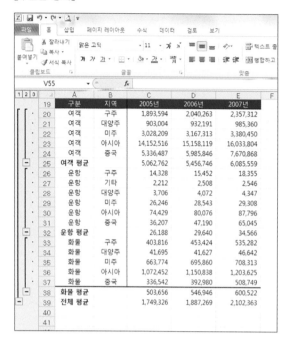

※ 데이터 시트의 A19~E35셀을 이용하여 4번을 작성하시오.

4. 표(A19~E35셀)를 이용하여 부분합을 작성하시오. (부분합 결과
   는 열 너비를 조절하지 않아도 됨)
   1) 아래 조건으로 부분합을 구하시오.
      – 정렬 : 정렬 기준은 '구분', '오름차순'으로 지정
      – 그룹화할 항목 : 구분
      – 사용할 함수 : 평균
      – 부분합 계산 항목 : 2005년, 2006년, 2007년

【텍스트 나누기 형태】

※ 데이터 시트의 J1~J17셀을 이용하여 5번을 작성하시오.

5. 표(J1~J17셀)를 이용하여 텍스트 나누기를 작성하시오.
   1) 아래 조건으로 텍스트 나누기를 작성하시오.
      – 원본 데이터 형식 : 너비가 일정함
      – 열 구분선 : 4개를 지정하여 5열로 나눔
        (구분선 지정 위치 : 6, 10, 14, 21)
      – 열 데이터 서식 : 세 번째 열은 열 가져오지 않음(건너뜀) 지정

■ 데이터 분석 기능 사용하기

배점 1번(15), 2번(15), 3번(2)

※ 목표값과 시나리오 시트로 1번과 2번을 작성하시오.

1. 목표값 찾기를 이용하여 표(A1~E10셀)의 편수 합계의 평균이 11,500이 되도록 여객처리의 2007년 값을 구하시오.

   1) 아래 조건으로 목표값 찾기를 구하시오. (③부분이 변경되어야 함)
      - 수식 셀 : E10(편수 합계 평균)
      - 찾는 값 : 11,500
      - 값을 바꿀 셀 : D7(여객처리 2007년)

【목표값 형태】

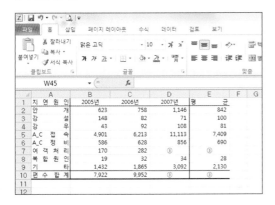

【시나리오 형태】

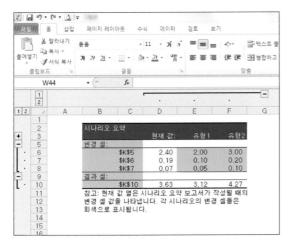

2. 표(H1~L10셀)를 이용하여 **편수 합계의 2007년(K10)**을 위한 시나리오를 작성하시오.

   1) 시나리오 이름 : 유형1, 유형2
   2) 변경 셀 : K5, K6, K7셀

변경 셀	유형1 변경 값	유형2 변경 값
K5	2.00	3.00
K6	0.10	0.20
K7	0.05	0.10

   3) 보고서 종류 : 시나리오 요약

3. 시트의 순서는 반드시 아래와 같이 하시오. (반드시 지정된 시트만 있어야 함)

   ○○○ ⇨ 환승여객 ⇨ 피벗 ⇨ 데이터 ⇨ 시나리오 요약 ⇨ 목표값과 시나리오

제9회 최신기출문제

※ 답안 작성 시 주의사항

- 답안문서 파일명은 응시자의 이름으로 저장하십시오.
- 반드시 주어진 자료 및 엑셀의 기능들을 이용하여 [처리사항]대로 답안문서를 작성하십시오.
  ([보기]를 참고하고, 주어진 자료 외 다른 자료 이용 시 감점 처리됩니다.)
- 답안 작성에 필요한 시트 이외에 다른 시트에 내용을 입력한 경우 감점 또는 부정행위의 대상이 됩니다.
- 답안은 반드시 문제에서 지정한 셀에 입력해야 하며, 임의로 셀의 위치를 변경한 경우 감점요인이 됩니다.
- 문제에서 제시된 내용이 중복 작성된 경우 감점요인이 됩니다.
  (예를 들어, 차트가 두 개 이상인 경우)
- 문제에서 지시하지 않은 사항은 프로그램의 기본 설정 값으로 지정하십시오.

※ 제공 데이터

- 주어진 자료를 이용하여 답안문서를 작성하시오.
  (첨부파일보기 클릭 시 자료 페이지 열림)

| 【보기】 | 【처리사항】 |

■ 데이터 입력과 수식 작성하기

배점 1번(5), 2번(7), 3번(45), 4번(45)

【엑셀로 가공한 정보형태】

※ 광고산업취급액 시트에 1번부터 4번까지 작성하시오.

1. F3셀에 '차지율(%)', G3셀에 '비고', G2셀에 '(단위:천원)'을 입력하시오. (G2셀은 가로 오른쪽 맞춤으로 지정)

2. A1셀에 제목을 '시도별 광고 산업 취급액'으로 입력하시오.
   1) A1~G1셀을 병합하고 가로 가운데 맞춤으로 지정
   2) 글꼴은 바탕체, 글꼴 크기는 15, 글꼴 스타일은 굵게 지정

3. [엑셀로 가공할 정보형태]의 ①(F4~F19셀) 부분의 차지율(%)을 구하시오.
   1) 반드시 SUM, ROUNDDOWN 함수를 모두 이용하여 구하시오.
   2) 반드시 아래 주어진 수식으로 구하고, 구한 값을 소수 둘째 자리에서 버림하여 소수 첫째 자리까지 나타내시오.
   ※ 차지율(%) = ('2007년'의 각 지역의 값 / '2007년'의 '서울특별시'부터 '제주도'까지의 합계 * 100)

4. [엑셀로 가공할 정보형태]의 ②(G4~G19셀) 부분의 비고를 구하시오.
   1) 반드시 REPLACE, IF, RIGHT, AVERAGE 함수를 모두 이용하여 구하시오.

2) 반드시 아래 주어진 조건에 따른 참과 거짓의 값으로 나타
내시오.
　– 조건 : 각 지역의 오른쪽 첫 번째 문자가 '시'
　– 참 : 각 지역의 세 번째와 네 번째 문자가 나타나지 않도
　　록 대체
　– 거짓 : 각 지역의 '2004년'부터 '2007년'까지의 평균

서식 지정하기

배점 1번(2), 2번(3), 3번(2), 4번(3), 5번(6), 6번(3), 7번(9)

※ 광고산업취급액 시트에 1번부터 7번까지 작성하시오.

1. 표(A3~G19셀) 안의 글꼴은 바탕체, 글꼴 크기는 10으로 지
정하시오.

2. A3~A19셀은 가로 균등 분할 (들여쓰기) 맞춤으로 지정하고,
B3~G3셀, F4~G19셀은 가로 가운데 맞춤으로 지정하시오.

3. A열의 열 너비는 12, B~E열의 열 너비는 10으로 지정하시오.

4. A3~G3셀의 글꼴 스타일은 굵게로 지정하시오.

5. B4~C19셀의 수치는 숫자 표시형식을 이용하여 세 자리마
다 콤마가 나타나고, 음수인 경우 빨강색으로 (1,234)로 나타
나도록 지정하고, D4~E19셀의 수치는 사용자 지정 표시형
식을 이용하여 세 자리마다 콤마가 나타나고, 56,027 이하인
경우 수치 앞에 빈 열 폭 만큼 '*'이 나타나도록 지정하시오.

6. B4~C19셀의 수치는 조건부 서식을 이용하여 48,390 미만
인 경우 글꼴 스타일이 굵게 나타나도록 지정하시오.
(단, 수식을 이용하여 입력 시 감점)

7. 표(A3~G19셀)의 윤곽선은 이중선, 표 안쪽 세로선은 실선,
A3~G3셀의 아래선은 이중선이 나타나도록 작성하시오.

【엑셀로 가공한 정보형태】

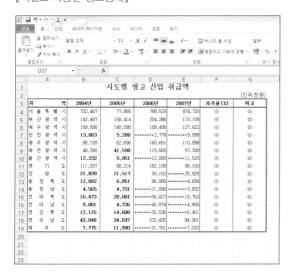

■ 차트 작성과 데이터베이스 기능 사용하기

배점 1번(20), 2번 1)번(6), 2)번(3), 3)번(4), 4)번(4), 5)번(6), 6)번(7),
7)번(6), 8)번(6), 9)번(6), 10)번(6), 11)번(6), 3번(23), 4번(20), 5번(15)

※ 광고산업취급액 시트로 1번과 2번을 작성하시오.

【차트형태】

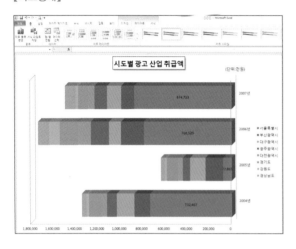

1. 자동 필터를 이용하여 '2006년'의 값이 상위 50%인 자료를 추출하고, 추출한 상태를 복사하여 A21셀부터 붙여 넣으시오.
   (단, 추출 후 반드시 자동 필터 상태를 유지하시오.)

2. 차트를 작성하시오. (차트는 반드시 지정상태를 확인할 수 있어야 하고, 차트를 두 개 이상 작성하거나 그림, 외부개체로 입력되면 감점됨)
   1) 붙여 넣은(A21셀부터) 자료 중 '차지율(%)'과 '비고'를 제외한 자료를 이용하여 차트를 작성
   2) 차트 종류는 '3차원 누적 가로 막대형', 차트 스타일은 '스타일 2'로 지정
   3) 작성한 차트 이동 위치는 '새 시트(S)'에 삽입
   4) 작성한 차트가 있는 시트명은 '○○○(응시자 본인의 이름)'으로 입력
   5) 차트 제목은 [차트 도구]-[디자인]메뉴 [차트 레이아웃] 그룹의 '레이아웃 1'을 '시도별 광고 산업 취급액'으로 입력하고, 테두리색은 '실선', 그림자는 미리 설정의 '바깥쪽, 오프셋 대각선 오른쪽 아래'를 지정
   6) 기본 가로 축 옵션의 '값을 거꾸로'로 지정하고, 기본 세로 눈금선은 '없음'으로 지정
   7) 3차원 회전 차트 배율의 깊이(%)는 '60'으로 지정
   8) 3차원 회전의 회전은 X5°, Y15°로 지정
   9) '서울특별시' 계열의 데이터 레이블 값이 나타나도록 지정
   10) 차트 영역의 **상단 오른쪽**에 [차트형태]와 같이 텍스트 상자를 이용하여 '(단위:천원)'을 입력
   11) [차트형태]와 같이 범례가 나타나도록 지정

【피벗 테이블 형태】

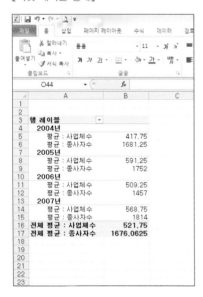

※ 데이터 시트의 A1~D17셀을 이용하여 3번을 작성하시오.

3. 표(A1~D17셀)를 이용하여 피벗 테이블을 작성하시오.
   1) 아래 조건으로 피벗 테이블을 작성하시오.
      - 피벗 테이블 보고서 작성 위치 : 새 워크시트
      - 피벗 테이블 레이아웃
        행 레이블 : 연도, Σ 값
        Σ 값 : 사업체수, 종사자수 (함수:평균)
      - 시트명은 '피벗'으로 입력

【부분합 형태】

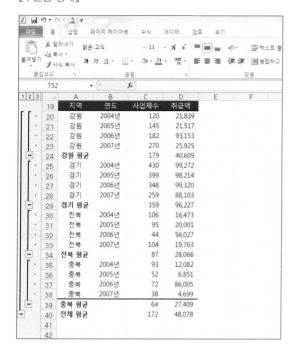

【텍스트 나누기 형태】

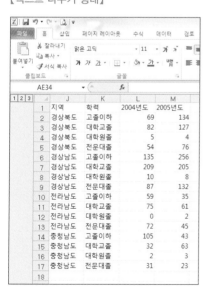

※ 데이터 시트의 A19~D35셀을 이용하여 4번을 작성하시오.

4. 표(A19~D35셀)를 이용하여 부분합을 작성하시오. (부분합 결과는 열 너비를 조절하지 않아도 됨)
   1) 아래 조건으로 부분합을 구하시오.
      – 정렬 : 정렬 기준은 '지역', '오름차순'으로 지정
      – 그룹화할 항목 : 지역
      – 사용할 함수 : 평균
      – 부분합 계산 항목 : 사업체수, 취급액

※ 데이터 시트의 J1~J17셀을 이용하여 5번을 작성하시오.

5. 표(J1~J17셀)를 이용하여 텍스트 나누기를 작성하시오.
   1) 아래 조건으로 텍스트 나누기를 작성하시오.
      – 원본 데이터 형식 : 너비가 일정함
      – 열 구분선 : 4개를 지정하여 5열로 나눔
        (구분선 지정 위치 : 8, 16, 24, 32)
      – 열 데이터 서식 : 세 번째 열은 열 가져오지 않음(건너뜀) 지정

※ 데이터 분석 기능 사용하기

배점 1번(15), 2번(15), 3번(2)

※ 목표값과 시나리오 시트로 1번과 2번을 작성하시오.

1. 목표값 찾기를 이용하여 표(A1~E9셀)의 지역 합계의 평균이 76이 되도록 인천의 2006년 값을 구하시오.

　1) 아래 조건으로 목표값 찾기를 구하시오. (③부분이 변경되어야 함)
　　– 수식 셀 : E9(지역합계 평균)
　　– 찾는 값 : 76
　　– 값을 바꿀 셀 : D5(인천 2006년)

【목표값 형태】

【시나리오 형태】

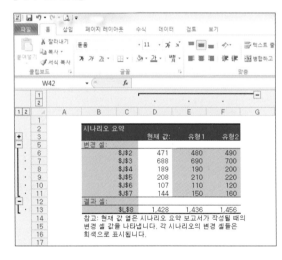

2. 표(H1~L8셀)를 이용하여 **지역합계의 평균(L8)**을 위한 시나리오를 작성하시오.

　1) 시나리오 이름 : 유형1, 유형2
　2) 변경 셀 : J2, J3, J4, J5, J6, J7셀

변경 셀	유형1 변경 값	유형2 변경 값
J2	480	490
J3	690	700
J4	190	200
J5	210	220
J6	110	120
J7	150	160

　3) 보고서 종류 : 시나리오 요약

3. 시트의 순서는 반드시 아래와 같이 하시오. (반드시 지정된 시트만 있어야 함)

　　○○○ ⇨ 광고산업취급액 ⇨ 피벗 ⇨ 데이터 ⇨ 시나리오 요약
　　⇨ 목표값과 시나리오

제10회 최신기출문제

※ 답안 작성 시 주의사항

- 답안문서 파일명은 응시자의 이름으로 저장하십시오.

- 반드시 주어진 자료 및 엑셀의 기능들을 이용하여 [처리사항]대로 답안문서를 작성하십시오.

  ([보기]를 참고하고, 주어진 자료 외 다른 자료 이용시 감점 처리됩니다.)

- 답안 작성에 필요한 시트 이외에 다른 시트에 내용을 입력한 경우 감점 또는 부정행위의 대상이 됩니다.

- 답안은 반드시 문제에서 지정한 셀에 입력해야 하며, 임의로 셀의 위치를 변경한 경우 감점요인이 됩니다.

- 문제에서 제시된 내용이 중복 작성된 경우 감점요인이 됩니다.

  (예를 들어, 차트가 두 개 이상인 경우)

- 문제에서 지시하지 않은 사항은 프로그램의 기본 설정 값으로 지정하십시오.

※ 제공 데이터

- 주어진 자료를 이용하여 답안문서를 작성하시오.

  (첨부파일보기 클릭 시 자료 페이지 열림)

| 【보기】 | 【처리사항】 |

■ 데이터 입력과 수식 작성하기

배점 1번(5), 2번(7), 3번(45), 4번(45)

【엑셀로 가공한 정보형태】

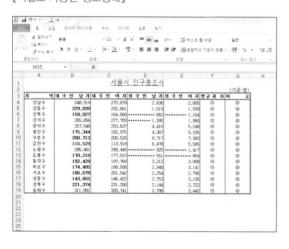

※ 인구총조사 시트에 1번부터 4번까지 작성하시오.

1. F3셀에 '평균과 차', G3셀에 '비고', G2셀에 '(기준:명)'을 입력하시오. (G2셀은 가로 오른쪽 맞춤으로 지정)

2. A1셀에 제목을 '서울시 인구총조사'로 입력하시오.
   1) A1 ~ G1셀을 병합하고 가로 가운데 맞춤으로 지정
   2) 글꼴은 돋움체, 글꼴 크기는 15, 글꼴 스타일은 밑줄 지정

3. [엑셀로 가공할 정보형태]의 ①(F4~F19셀) 부분의 평균과 차를 구하시오.
   1) 반드시 AVERAGE, ROUNDDOWN 함수를 모두 이용하여 구하시오.
   2) 반드시 아래 주어진 수식으로 구하고, 구한 값을 소수 첫째 자리에서 버림하여 정수로 나타내시오.
   ※ 평균과 차 = ('내국인 남자'의 각 지역의 값 − '내국인 남자'의 '강남구'부터 '송파구'까지의 평균)

4. [엑셀로 가공할 정보형태]의 ②(G4~G19셀) 부분의 비고를 구하시오.
   1) 반드시 IF, LEFT, OR, RANK.EQ, SUM 함수를 모두 이용하여 구하시오.

2) 반드시 아래 주어진 조건에 따른 참과 거짓의 값으로 나타내시오.
　－ 조건 : 지역이 '강'으로 시작하거나 '성'으로 시작하는 경우
　－ 참 : '내국인 여자'를 기준으로 각 지역의 내림차순 순위
　－ 거짓 : 각 지역의 '내국인 남자'부터 '외국인 여자'까지의 합계

【엑셀로 가공한 정보형태】

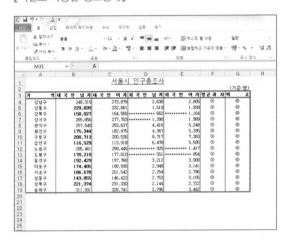

■ 서식 지정하기

배점 1번(2), 2번(3), 3번(2), 4번(3), 5번(6), 6번(3), 7번(9)

※ 인구총조사 시트에 1번부터 7번까지 작성하시오.

1. 표(A3~G19셀) 안의 글꼴은 바탕체, 글꼴 크기는 10으로 지정하시오.

2. A3~A19셀, G4~G19셀은 가로 가운데 맞춤으로 지정하고, A3~G3셀은 가로 균등 분할(들여쓰기) 맞춤으로 지정하시오.

3. A열의 열 너비는 10, B~E열의 열 너비는 12로 지정하시오.

4. A3~G3셀의 글꼴 스타일은 굵게로 지정하시오.

5. B4~C19셀의 수치는 숫자 표시형식을 이용하여 세자리마다 콤마가 나타나고, 음수인 경우 빨강색으로 1,234로 나타나도록 지정하고, D4~E19셀의 수치는 사용자 지정 표시형식을 이용하여 세자리마다 콤마가 나타나고 1,500 이하인 경우 수치 앞에 빈 열 폭만큼 '*'이 나타나도록 지정하시오.

6. B4~B19셀의 수치는 조건부 서식을 이용하여 246,892 미만인 경우 글꼴 스타일이 굵게 나타나도록 지정하시오. (단, 수식을 이용하여 입력 시 감점)

7. 표(A3~G19셀) 윤곽선은 이중선, 표 안쪽 세로선은 실선, A3~G3셀의 아래선은 이중선이 나타나도록 작성하시오.

【차트형태】

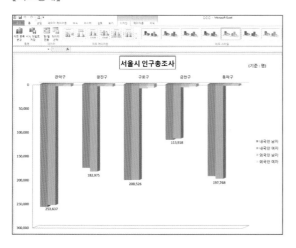

■ 차트 작성과 데이터베이스 기능 사용하기

배점 1번(20), 2번 1)번(6), 2)번(3), 3)번(4), 4)번(4), 5)번(6), 6)번(7), 7)번(6), 8)번(6), 9)번(6), 10)번(6), 11)번(6), 3번(23), 4번(20), 5번(15)

※ 인구총조사 시트로 1번과 2번을 작성하시오.

1. 자동 필터를 이용하여 '외국인 남자'의 순위가 상위 1위부터 5위인 자료를 추출하고, 추출한 상태를 복사하여 A21셀부터 붙여 넣으시오. (단, 추출 후 반드시 자동 필터 상태를 유지하시오.)

2. 차트를 작성하시오. (차트는 반드시 지정상태를 확인할 수 있어야 하고, 차트를 두 개 이상 작성하거나 그림, 외부개체로 입력되면 감점됨)
   1) 붙여 넣은(A21셀부터) 자료 중 '평균과 차'와 '비고'를 제외한 자료를 이용하여 차트를 작성
   2) 차트 종류는 '3차원 묶은 세로 막대형', 차트 스타일은 '스타일 5'로 지정
   3) 작성한 차트 이동 위치는 '새 시트(S)'에 삽입
   4) 작성한 차트가 있는 시트명은 '○○○(응시자 본인의 이름)'으로 입력
   5) 차트 제목은 [차트 도구]–[디자인]메뉴 [차트 레이아웃] 그룹의 '레이아웃 1'로 '서울시 인구총조사'로 입력하고, 테두리 색은 '실선', 그림자는 미리 설정의 '바깥쪽, 오프셋 위쪽'을 지정
   6) 기본 세로 축 옵션의 '값을 거꾸로'로 지정하고, 기본 가로 눈금선은 '없음'으로 지정
   7) 3차원 회전 차트 배율의 깊이(%)는 '70'으로 지정
   8) 3차원 회전의 회전은 X25°, Y20°로 지정
   9) '내국인 여자' 계열의 데이터 레이블 값이 나타나도록 지정
   10) 차트 영역의 **상단 오른쪽**에 [차트형태]와 같이 텍스트 상자를 이용하여 '(기준:명)'을 입력
   11) [차트형태]와 같이 범례가 나타나도록 지정

【피벗 테이블 형태】

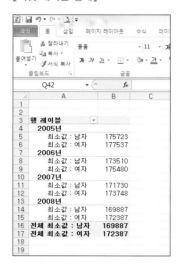

※ 데이터 시트의 A1~D17셀을 이용하여 3번을 작성하시오.

3. 표(A1~D17셀)를 이용하여 피벗 테이블을 작성하시오.
   1) 아래 조건으로 피벗 테이블을 작성하시오.
      – 피벗 테이블 보고서 작성 위치 : 새 워크시트
      – 피벗 테이블 레이아웃
        행 레이블 : 연도, Σ 값
        Σ 값 : 남자, 여자 (함수:최소값)
      – 시트명은 '피벗'으로 입력

【부분합 형태】

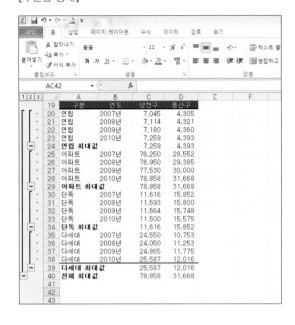

4. 표(A19~D35셀)를 이용하여 부분합을 작성하시오. (부분합 결과는 열 너비를 조절하지 않아도 됨)

   1) 아래 조건으로 부분합을 구하시오.

     – 정렬 : 정렬 기준은 '구분', '내림차순'으로 지정

     – 그룹화할 항목 : 구분

     – 사용할 함수 : 최대값

     – 부분합 계산 항목 : 양천구, 용산구

【텍스트 나누기 형태】

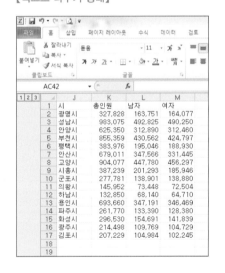

5. 표(J1~J17셀)를 이용하여 텍스트 나누기를 작성하시오.

   1) 아래 조건으로 텍스트 나누기를 작성하시오.

     – 원본 데이터 형식 : 너비가 일정함

     – 열 구분선 : 4개를 지정하여 5열로 나눔

      (구분선 지정 위치 : 6, 12, 19, 26)

     – 열 데이터 서식 : 두 번째 열은 열 가져오지 않음(건너뜀) 지정

▓ 데이터 분석 기능 사용하기

배점 1번(15), 2번(15), 3번(2)

※ 목표값과 시나리오 시트로 1번과 2번을 작성하시오.

【목표값 형태】

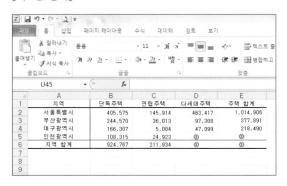

1. 목표값 찾기를 이용하여 표(A1~E6셀)의 지역 합계의 주택 합계가 2,000,000이 되도록 인천광역시의 다세대주택 값을 구하시오.
   1) 아래 조건으로 목표값 찾기를 구하시오. (③부분이 변경되어야 함)
      - 수식 셀 : E6(지역 합계 주택 합계)
      - 찾는 값 : 2,000,000
      - 값을 바꿀 셀 : D5(인천광역시 다세대주택)

【시나리오 형태】

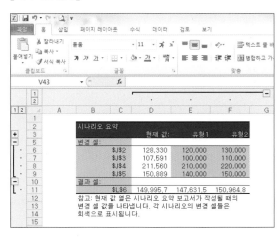

2. 표(H1~L6셀)를 이용하여 **도시 평균의 연도 평균(L6)**을 위한 시나리오를 작성하시오.
   1) 시나리오 이름 : 유형1, 유형2
   2) 변경 셀 : J2, J3, J4, J5셀

변경 셀	유형1 변/경 값	유형2 변경 값
J2	120,000	130,000
J3	100,000	110,000
J4	210,000	220,000
J5	140,000	150,000

   3) 보고서 종류 : 시나리오 요약

3. 시트의 순서는 반드시 아래와 같이 하시오. (반드시 지정된 시트만 있어야 함)
   ○○○ ⇨ 인구총조사 ⇨ 피벗 ⇨ 데이터 ⇨ 시나리오 요약 ⇨ 목표값과 시나리오